GEORGES POLITZER

PRINCIPIOS ELEMENTALES DE LA FILOSOFÍA

FONTANA

GEORGES POLITZER

PRINCIPIOS ELEMENTALES DE LA FILOSOFÍA

TRADUCCIÓN:
ENRIQUE CAMPBELL

PRÓLOGO Y PRESENTACIÓN:
FRANCESC LLUIS CARDONA,
Doctor en Historia y Catedrático

PRINCIPIOS ELEMENTALES DE LA FILOSOFÍA,
Georges Politzer

Prólogo / Presentación: Francesc Lluis Cardona
Traducción: Enrique Campbell
Diseño gráfico / Ilustración portada: Daniel Jurado

Edita: Olmak Trade S.L.
C/ Roca Plana 1
08110 - Montcada i Reixac
Barcelona (España)

www.olmaktrade.com
info@olmaktrade.com

@O_BookTrade
#ClásicosFontana

Impreso en España / Printed in Spain

I.S.B.N: 978-84-10109-61-2
Depósito Legal: B 10090-2024

Estudio preliminar

El autor y su mundo

Presentamos al lector una excelente obra de divulgación de la ideología marxista de un autor poco conocido en nuestro país, Georges Politzer.

Politzer nació en 1903 en Nagyvárad población que por entonces pertenecía al imperio Austro-Húngaro y que en 1918 pasará a Rumanía que la cedió a Hungría en 1940 para volver a Rumanía en 1945 con el nombre de Oradea.

Joven aún emigró a Francia en donde se nacionalizó y estudió filosofía y psicología. Militante marxista formuló una crítica del psicoanálisis al que reprochó su espiritualismo. En su sustitución propuso una psicología concreta en que el determinismo psicológico, sólo actuará a través del determinismo económico, motor de toda la filosofía marxista.

Enseñó en la Université Ouvrière, ubicada en un suburbio de París, a un público de extracción proletaria que acudió masivamente a escuchar las enseñanzas de aquel joven maestro, digno de haber aspirado a cualquier Cátedra de la enseñanza Superior de los establecimientos para burgueses y de las clases altas.

El viejo edificio en donde enseñaba Politzer tenía más de barracón de fábrica de los comienzos de la Revolución Industrial, que de estructura adecuada para la docencia. Pero Politzer sabía captar el auditorio y llenaba su aula a rebosar, no sólo con obreros, sino con gentes de la clase media, intelectuales y pensadores que se esforzaban en la utópica tarea de cambiar el mundo.

Revolucionario de corazón, Politzer era más que profesor, un camarada, un amigo que hacía las clases profundas, pero los más amenas posible, a pesar de los áridos temas tratados y abría paciente diálogo, antes y después de su intervención magistral.

Fue precisamente gracias a sus discípulos y sobre todo de uno de ellos, Maurice Le Goas, que sus conferencias no se perdieron y pudieron ser publicadas como *Principios Fundamentales de Filosofía*. Todos concuerdan en la escrupulosidad investigadora de Politzer, pero a la vez, un hombre con una sabiduría superior, jamás fue orgulloso y engreído, sabía colocarse al nivel del público que le escuchaba con una exquisita sencillez.

Tras haber impartido la docencia en diversas provincias francesas, consiguió ser profesor suplente de Filosofía en la Universidad Central oficial de la capital del Sena. Desde 1928 había colaborado en la *Revue marxiste* de Charles Rapport. Siempre consecuente con su doctrina, tuvo la gran valentía de oponerse a Henri Bergson (1859-1941) el gran filósofo francés vitalista-espiritualista más en boga del momento. Sin embargo la refutación irónica de aquel sistema, la escondió bajo un pseudónimo que honraba la memoria de su pensador ilustrado favorito: Arouet, es decir, Voltaire.

Creó y dirigió a continuación la *Revue Psychologie Congréte* y publicó la *Critique des fondemments de la psychologie* en la que analizó las diferentes corrientes de la psicología moderna de una psicología moderna hasta definir las condiciones de la formación de una psicología concreta definitivamente liberada de todo rasgo teológico.

En 1941 con Jacques Decour y Jacques Salomón publicó la revista clandestina *Pensée Libre,* poco tiempo antes de ser detenido por la Gestapo y de ser fusilados los tres, acusados de militar en la Resistencia.

Politzer fue mártir de sus propias convicciones e ideales, pero sus *Principios Elementales de Filosofía* dirigidos tanto a los viejos catedráticos acostumbrados a considerar el materialismo dialéctico como algo obra del maligno, como a los estudiantes y no especialistas, demuestran que su mensaje no ha muerto.

Presentados en forma de manual, estas lecciones no son por ello una de tantas obras que después de la dictadura franquista, proliferaron en nuestro país a partir de 1976, sino que conservan el frescor del mensaje de un comprometido que dio en su defensa lo más preciado que tenía. Además poseen una modélica estructura y presentación con unas preguntas de recapitulación o repaso al final de cada capítulo para dar cuenta de si se ha asimilado suficientemente.

Con la nueva edición de los *Principios Fundamentales* no sólo honramos la memoria de un luchador antinazi, sino que ponemos al alcance de todos una doctrina que podremos aceptarla o rechazarla, pero no podemos ignorarla como se intentó en España, en especial entre 1939 y casi la década de los 60, tal como escribíamos en el prólogo al *Manifiesto Comunista* de esta colección «y suprimiendo su mensaje de nuestros libros de texto, incluso universitarios. Estas posiciones «maniqueas», drásticas, sea del lado que sean, lo bueno es lo nuestro, lo malo es lo otro, en nada contribuyen al esclarecimiento de la verdad.

Francesc Lluis Cardona

GEORGES POLITZER

PRINCIPIOS ELEMENTALES DE LA FILOSOFÍA

Primera parte
Los problemas filosóficos

Introducción

I. ¿Por qué debemos estudiar la filosofía?

En el transcurso de esta obra nos proponemos dar y explicar los principios elementales de la filosofía materialista.

¿Por qué? Porque el marxismo está íntimamente ligado a una filosofía y a un método: los del materialismo dialéctico. Es indispensable, pues, estudiar esa filosofía y ese método para comprender bien el marxismo y para refutar los argumentos de las teorías burguesas tanto como para emprender una lucha política eficaz.

En efecto, Lenin ha dicho: "Sin teoría revolucionaria no hay movimiento revolucionario". Esto quiere decir, en primer lugar: hay que vincular la teoría con la práctica.

¿Qué es la teoría? Es el conocimiento de las cosas que queremos realizar.

¿Qué es la práctica? Es el hecho de realizar. Por ejemplo, la industria, la agricultura realiza, es decir, hacen entrar en la realidad) ciertas teorías (teorías químicas, físicas o biológicas).

Se puede no ser más que práctico; pero entonces se realiza por rutina. Se puede no ser más que teórico; pero entonces lo que se concibe a menudo es irrealizable. Es necesario, pues, que haya vinculación entre la teoría y la práctica. Todo el problema está en saber, cuál debe ser esa teoría y cuál debe ser su vinculación con la práctica.

Creemos que el militante obrero necesita un método de análisis y de razonamiento exacto para poder realizar una acción revolucionaria exacta. Necesita un método que no sea un dogma que le dé soluciones hechas, sino un método que tenga en cuenta hechos y circunstancias que nunca son los mismos; un método que no separe jamás la teoría de la práctica, el razonamiento de la vida. Ahora bien, este método está contenido en la filosofía del materialismo dialéctico, base del marxismo que nos proponemos explicar.

II. ¿Es difícil el estudio de la filosofía?

Se cree generalmente que el estudio de la filosofía es una cosa llena de dificultades para los obreros y que necesita conocimientos especiales. Es necesario convenir en que la manera como son redactados los manuales burgueses los confirma plenamente en sus ideas y no pueden menos que rechazarlos.

No pensamos negar las dificultades que comporta el estudio en general, y las de la filosofía en particular. Pero tales dificultades son perfectamente superables y se deben sobre todo al hecho de tratarse de cosas nuevas para muchos de nuestros lectores.

Desde el comienzo, aun determinando las cosas con precisión, los invitaremos a volver sobre ciertas definiciones de palabras que, en el lenguaje corriente, están adulteradas.

III. ¿Qué es la filosofía?

Vulgarmente se entiende por filósofo: o bien el que vive en las nubes, o bien el que toma las cosas por su lado bueno, el que "no se hace mala sangre por nada". Por el contrario, el filósofo es el que quiere, en ciertas cuestiones, dar repuestas precisas, y si se considera que la filosofía quiere dar una explicación a los problemas del universo (¿de dónde procede el mundo?, o ¿adónde vamos?, etcétera), se ve, por consiguiente, que el filósofo se ocupa de muchas cosas y, a la inversa de lo que se dice, "se preocupa mucho de todo".

Diremos pues, para definir la filosofía, que quiere explicar el universo, la naturaleza, que es el estudio de los problemas más generales. Los problemas menos generales son estudiados por las ciencias. La filosofía es pues, una prolongación de las ciencias.

Agreguemos en seguida que la filosofía marxista da una solución a todos los problemas y que esta solución procede de los que se llama: el materialismo.

IV. ¿Qué es la filosofía materialista?

En cuanto a esto hay también una confusión que inmediatamente debemos señalar: vulgarmente se entiende por materialista el que no piensa más que en gozar de los placeres materiales. Jugando con la palabra materialismo que contiene la palabra materia se ha llegado así a darle un sentido completamente falso.

Al estudiar el materialismo, en el sentido científico de la palabra, vamos a darle de nuevo su verdadera significación, pues ser materialista no impide, según vamos a verlo, tener un ideal y combatir para hacerlo triunfar.

Hemos dicho que la filosofía quiere dar una explicación a los problemas más generales del mundo. Pero en el transcurso de la historia de la humanidad, estas explicaciones no siempre han sido las mismas.

Los primeros hombres trataban de explicar la naturaleza, el mundo, pero no podían. Lo que permite, en efecto, explicar el mundo y los fenómenos que nos rodean son las ciencias; ahora bien, son muy recientes los descubrimientos que han permitido el progreso de las ciencias.

La ignorancia de los primeros hombres era, pues, un obstáculo en sus investigaciones. Por eso, en el transcurso de la historia, a causa de esta ignorancia, vemos aparecer las religiones, que también quieren explicar el mundo. Lo explican mediante las fuerzas sobrenaturales. Pero esta es una explicación anticientífica. Poco a poco, en el transcurso de los siglos, se desarrollará la ciencia. Los hombres tratarán de explicar el mundo por los hechos materiales, partiendo de experiencias científicas y de ahí, de esa voluntad de explicar las cosas por la ciencia, nace la filosofía materialista.

En las páginas siguientes vamos a estudiar qué es el materialismo; pero, desde ya, debemos tener presente que materialismo no es otra cosa que la explicación científica del universo.

Estudiando la historia de la filosofía materialista veremos cuán ardua y difícil ha sido la lucha contra la ignorancia. Debemos comprobar, por otra parte, que en nuestros días esta lucha no ha terminado aún, puesto que el materialismo y la ignorancia continúan subsistiendo juntos, uno al lado del otro.

En el transcurso de ese combate Marx y Engels comprendiendo la importancia de los grandes descubrimientos del siglo XIX, permitieron a la filosofía del materialismo hacer enormes progresos la explicación científica del universo. Así nació el materialismo dialéctico. Después, fueron los primeros en comprender que las leyes que rigen al mundo también permiten explicar la marcha de las sociedades; formaron así la célebre teoría del materialismo histórico.

Nos proponemos estudiar en esta obra, en primer lugar el materialismo, después el materialismo dialéctico y, por último, el materialismo histórico. Por el momento, queremos establecer las relaciones entre el materialismo y el marxismo.

V. ¿Cuáles son las relaciones entre el materialismo y el marxismo?

Podemos resumirlas de la manera siguiente:

1° La filosofía del materialismo es la base del marxismo.

2° Esta filosofía materialista, que quiere dar una explicación científica a los problemas del mundo, progresa en el transcurso de la historia al mismo tiempo que las ciencias. Por consiguiente, el marxismo ha surgido de las ciencias, se apoya en ellas y evoluciona con ellas.

3° Antes de Marx y Engels hubo, en muchas oportunidades y con distintas formas, filosofías materialistas. Pero en el siglo XIX, habiendo dado las ciencias un gran paso adelante, Marx y Engels renovaron ese viejo materialismo partiendo de las ciencias modernas y nos dieron el materialismo moderno que se llama materialismo dialéctico y que es la base del marxismo.

Vemos, por estas breves explicaciones, que la filosofía del materialismo, contrariamente a lo que se ha dicho, tiene una historia. Esa historia está íntimamente ligada a la historia de las ciencias. El marxismo, basado en el materialismo, no ha surgido del cerebro de un solo hombre. Es el desenlace, la continuación del viejo materialismo que ya estaba muy avanzado con Diderot. El marxismo es la expansión del materialismo desarrollado por los enciclopedistas del siglo XVIII, enriquecido por los grandes descubrimientos del siglo XIX. El marxismo es una teoría viva y, para mostrar de qué manera encara los problemas, vamos a dar un ejemplo que todo el mundo conoce: el problema de la lucha de clases.

¿Qué piensa la gente sobre esta cuestión? Unos creen que la defensa del pan exime de la lucha política. Otros, que basta con andar a puñetazos en la calle, negando la necesidad de la organización. Otros, todavía, pretenden que sólo la lucha política dará una solución a este problema.

Para el marxismo, el problema de la lucha de clases comprende:

a) La lucha económica;

b) La lucha política;

c) La lucha ideológica.

El problema debe ser planteado simultáneamente pues, en los tres terrenos.

a) No se puede luchar por el pan (lucha económica) sin luchar por la paz (lucha política) y sin defender la libertad (lucha ideológica).

b) Ocurre lo mismo en cuanto a la lucha política, que desde Marx se ha transformado en una verdadera ciencia: hay que tener en cuenta a la vez la situación económica y las corrientes ideológicas.

c) En cuanto a la lucha ideológica que se manifiesta por la propaganda, estamos en la obligación de tener en cuenta, para que sea eficaz, la situación económica y política.

Vemos, pues, que todos estos problemas están vinculados, y así no se puede tomar una decisión ante cualquier aspecto de este gran problema que es la lucha de clases (en una huelga, por ejemplo) sin tomar en consideración cada aspecto del problema y el conjunto del problema mismo.

Así, pues, el que sea capaz de luchar en todos los terrenos dará al movimiento la mejor dirección.

Vemos cómo comprende un marxista ese problema de la lucha de clases. Además, en la lucha ideológica que debemos sostener todos los días, nos encontramos ante problemas difíciles de resolver: inmortalidad del alma, existencia de Dios, orígenes del mundo, etcétera. El materialismo dialéctico nos dará un método de razonamiento que nos permitirá resolver todos esos problemas, así como, desenmascarar todas las campañas de falsificación del marxismo que pretenden completarlo y renovarlo.

VI. Campañas de la burguesía contra el marxismo

Esas tentativas de falsificación se apoyan sobre bases muy variadas. Se trata de levantar contra el marxismo a los autores socialistas del período premarxista (anteriores a Marx). Es así como se ve utilizar contra Marx, muy a menudo, a los "utopistas". Otros utilizan a Proudhon; otros se inspiran en los revisionistas de antes de 1914 (refutados éstos magistralmente por Lenin). Pero lo que hay que subrayar es la campaña de silencio que hace la burguesía contra el marxismo. Lo ha hecho todo en particular para impedir que sea conocida la filosofía materialista en su forma marxista. En este sentido es particularmente sorprendente el conjunto de la enseñanza filosófica tal como se da en Francia.

En los establecimientos de enseñanza secundaria se enseña filosofía. Pero se puede seguir toda esta enseñanza sin enterarse de que existe una filosofía materialista elaborada por Marx y Engels. Cuando en los manuales de filosofía se habla de materialismo (porque es necesario hablar de ello) siempre se trata del marxismo y del materialismo de una manera separada. Se presenta al marxismo, en general, únicamente como una doctrina política, y cuando se habla de materialismo histórico no se habla, a ese respecto, de la filosofía del materialismo; por último, se ignora todo cuanto atañe al materialismo dialéctico.

Esta situación no existe sólo en las escuelas y en los liceos; ocurre exactamente lo mismo en las universidades. Lo más característico es que se puede ser en Francia un "técnico" de la filosofía, provisto de los diplomas más importantes que entregan las universidades francesas, sin saber que el marxismo tiene una filosofía que es el materialismo y sin saber que el materialismo tradicional tiene una forma moderna, que es el marxismo, o materialismo dialéctico.

Queremos demostrar, por nuestra parte, que el marxismo constituye una concepción general, no sólo de la sociedad, sino también del mismo universo. Es inútil, pues, contrariamente a lo que pretenden algunos, lamentar que el gran defecto del marxismo sea su falta de filosofía y querer, como algunos teóricos del movimiento obrero, ir en busca de esa filosofía que falta en el marxismo.

No es menos cierto que, a pesar de esa campaña de silencio, a pesar de todas las falsificaciones, precauciones tomadas por las clases dirigente, el marxismo y su filosofía comienzan a ser cada vez más conocidos.

Capítulo I:
El problema de la filosofía

I. ¿Cómo debemos comenzar el estudio de la filosofía?

En nuestra introducción hemos citado muchas veces la filosofía del materialismo dialéctico como base del marxismo.

Nuestro propósito es el estudio de la filosofía, pero para lograrlo, hay que avanzar por etapas.

Cuando hablamos de materialismo dialéctico pensamos en dos palabras: materialismo y dialéctica, lo que quiere decir que el materialismo es dialéctico. Sabemos que ya existía el materialismo antes de Marx y Engels, pero que fueron ellos, con ayuda de los descubrimientos científicos del siglo XIX, quienes transformaron ese materialismo y crearon el materialismo "dialéctico".

Examinaremos más adelante el sentido de la palabra "dialéctica" que designa la forma moderna del materialismo.

Pero, puesto que antes de Marx y Engels hubo filósofos materialistas —por ejemplo Diderot en el siglo XVIII— y puesto que hay puntos comunes entre todos los materialistas, tenemos que estudiar, pues, la historia del materialismo antes de abordar el materialismo dialéctico. Debemos conocer también cuáles son las concepciones que se oponen al materialismo.

II. Dos concepciones para explicar el mundo

Hemos visto que la filosofía es el "estudio de los problemas más generales" y que tiene por objeto explicar el mundo, la naturaleza, el hombre.

Si abrimos un manual de filosofía burguesa quedamos azorados ante la cantidad de filosofía diversa que se encuentran allí. Son designadas por múltiples palabras más o menos complicadas que terminan en "ismo": el criticismo, el evolucionismo, el intelectualismo, etcétera, y esta cantidad crea la confusión. La burguesía, por otra parte, no ha hecho nada para aclararla; muy al contrario. Pero nosotros ya podemos separar estos razonamientos en dos grandes corrientes, en dos concepciones netamente opuestas:

a) La concepción científica.

b) La concepción no-científica del mundo.

III. La Materia y el Espíritu

Cuando los filósofos se han propuesto explicar las cosas del mundo, de la naturaleza, del hombre, en fin, de todo lo que nos rodea, se han visto en la necesidad de hacer distinciones. Nosotros mismos comprobamos que hay cosas, objetos, que son materiales, que vemos y tocamos. Además, hay otras cosas que no vemos y que no podemos tocar, ni medir, como nuestras ideas.

Así, pues, clasificamos las cosas de este modo: por una parte, las que son materiales; por otra, las que no son materiales y que pertenecen al dominio del espíritu, del pensamiento, de las ideas.

Es así como los filósofos se han encontrado en presencia de la materia y del espíritu.

IV. ¿Qué es la materia, qué es el espíritu?

Acabamos de ver, de una manera general, que las cosa, han llegado a clasificarse como materia o espíritu.

Pero debemos indicar con precisión que ese distingo se hace en diferentes formas y con diferentes palabras.

Es así como, en lugar de hablar del espíritu, hablamos del pensamiento, de nuestras ideas, de nuestra conciencia, de nuestra alma, lo mismo que hablando de la naturaleza, del mundo, de la tierra del ser, nos referimos a la materia.

Engels, en su libro *Ludwig Feuerbach*, habla del ser y del pensamiento. Él ser es la materia; el pensamiento es el espíritu.

Para definir lo que es el pensamiento o el espíritu o el ser o la materia, diremos:

El *pensamiento* es la idea que nos hacemos de las cosas; ciertas ideas surgen ordinariamente de nuestras sensaciones y corresponden a objetos materiales; otras ideas como la de Dios, de la filosofía, del infinito, del pensamiento mismo, no corresponden a objetos materiales. Lo que debemos retener aquí como esencial es que tenemos ideas, pensamientos, sentimientos, porque vemos y sentimos.

La *materia* o el ser es lo que nuestras sensaciones y nuestras percepciones nos muestran y nos dan; es, de una manera general, todo lo que nos rodea, lo que se llama "el mundo exterior" por ejemplo: mi hoja de papel es blanca. Saber que es blanca una idea, y son mis sentidos los que me dan esta idea. La materia es la hoja misma.

Por eso cuando los filósofos hablan de las relaciones entre el ser y el pensamiento o entre el espíritu y la materia, o entre la conciencia y el cerebro, etcétera, todo esto es lo mismo y quiere decir: ¿cuál es, entre la materia o el espíritu, entre el ser o el pensamiento, el más importante, el que domina, en fin, el que apareció primero? Es lo que se llama:

V. La cuestión o el problema fundamental de la filosofía

Cada uno de nosotros se ha preguntado: ¿en qué nos transformamos después de la muerte? ¿De dónde procede el mundo? ¿Cómo se ha formado la tierra? Y nos es difícil admitir que siempre ha habido algo. Se tiene la tendencia a pensar que, en cierto momento, no había nada. Por eso es más fácil creer lo que enseña la religión: "El espíritu planeaba por encima de las tinieblas... después fue la materia". Del mismo modo uno se pregunta dónde están nuestros pensamientos, y he aquí planteado el problema de las relaciones que existen entre el espíritu y la materia, entre el cerebro y el pensamiento. Por otra parte, hay muchas otras maneras de plantear la cuestión. Por ejemplo: ¿cuáles son las relaciones entre la voluntad el poder? La voluntad aquí es el espíritu, el pensamiento; y el poder es lo posible, el ser, la materia. También tenemos la cuestión de las relaciones entre la "existencia social" y la "conciencia social".

Vemos, pues, que la cuestión fundamental de la filosofía se presenta con diferentes aspectos y se ve qué importante es reconocer siempre la manera como se plantea ese problema de las relaciones entre la materia y el espíritu, porque sabemos que sólo puede haber dos respuestas para esta cuestión:

1. Una respuesta científica.
2. Una respuesta no-científica.

VI. Idealismo o materialismo

Es así como los filósofos se han visto en la necesidad de tomar una posición en esta importante cuestión.

Los primeros hombres, completamente ignorantes, no teniendo ningún conocimiento del mundo y de ellos mismos, han atribuido a seres sobrenaturales la responsabilidad de lo que les sorprendía. En su imaginación excitada por los sueños, donde veían vivir a sus amigos y a ellos mismos, llegaron a la concepción de que cada uno de nosotros tenía una doble existencia. Turbados por la idea de ese "doble", llegaron a figurarse que sus pensamientos y sus sensaciones eran producidos no por su propio cuerpo, sino por un alma particular que habitada en ese cuerpo y lo abandonaba en el momento de la muerte.

Después surgió la idea de la inmortalidad del alma y de una vida posible del espíritu fuera de la materia.

Los hombres necesitaron muchos siglos para llegar a descifrar la cuestión de esa manera. En realidad, sólo desde la filosofía griega (y, en particular, desde Platón, hace alrededor de veinticinco siglos) han opuesto abiertamente la materia y el pensamiento.

Sin duda, hacía mucho tiempo que suponían que el hombre continuaba viviendo después de la muerte, en forma de "alma", pero imaginaban esta alma como una especie de cuerpo transparente y ligeros y no en forma de pensamiento puro.

De la misma manera, creían en dioses, seres más poderosos que los hombres, pero los imaginaban en forma de hombres o de animales, como cuerpos materiales. Sólo más tarde, las almas y los dioses (después el Dios único que ha reemplazado a los dioses) se concibieron como puros espíritus.

Se llegó entonces a la idea de que hay en la realidad espíritus que tienen una vida completamente específica, completamente independiente de la de los cuerpos, y que no necesitan cuerpos para existir.

Más adelante, esta cuestión se planteó de una manera más precisa con respecto a la religión. En esta forma:

El mundo fue creado por Dios o existe desde la inmortalidad.

Según respondieran de tal o cual manera a esta pregunta, los filósofos se dividían en dos grandes campos.

Los que, adoptando la explicación no-científica, admitían la creación del mundo por Dios, es decir, afirmaban que el espíritu había creado la materia formaban el campo del idealismo.

Los otros, los que trataban de dar una explicación científica del mundo y pensaban que la naturaleza, la materia, era el elemento principal, pertenecían a las diferentes escuelas del materialismo.

Originariamente, esas dos expresiones, idealismo y materialismo, no significaban más que eso.

El idealismo y el materialismo son, pues, dos respuestas opuestas y contradictorias al problema fundamental de la filosofía.

El idealismo es la concepción no-científica. El materialismo es la concepción científica del mundo.

Se verán más adelante las pruebas de esta afirmación, pero podemos decir, desde ahora, que se comprueba bien en la experiencia que hay cuerpos sin pensamiento, como las piedras o los metales, la tierra, pero que no se comprueba nunca la existencia del espíritu sin cuerpo.

Para terminar este capítulo con una conclusión sin equívoco, vemos que las respuestas a esta cuestión: ¿Por qué piensa el hombre? no pueden ser más que dos, del todo diferentes y totalmente opuestas:

1ª respuesta: El hombre piensa porque tiene alma.

2ª respuesta: El hombre piensa porque tiene cerebro.

Según nos inclinemos por una u otra respuesta daremos soluciones diferentes a los problemas, que derivan de estas cuestiones.

La cuestión consiste en saber, pues, si el cerebro ha sido creado por el pensamiento o si el pensamiento es un producto del cerebro.

Según nuestra respuesta, seremos idealistas o materialistas.

Capítulo II: El idealismo

I. El idealismo moral y el idealismo filosófico

Hemos visto la confusión creada por el lenguaje corriente en lo que concierne al materialismo. En la misma confusión se incurre a propósito del idealismo.

No hay que confundir, en efecto, el idealismo moral con el idealismo filosófico.

Idealismo moral

El idealismo moral consiste en consagrarse a una causa, a un ideal. Sabemos por la historia del movimiento obrero internacional cuántos revolucionarios, marxistas, se han consagrado hasta el sacrificio de su vida por un ideal moral y, sin embargo, eran adversarios de ese otro idealismo que se llama idealismo filosófico.

Idealismo filosófico

El idealismo filosófico es una doctrina que tiene como base la explicación de la materia por el espíritu.

El razonamiento es el que responde a la cuestión fundamental de la filosofía diciendo: "El pensamiento es el elemento principal, el más importante, el primero". Y el idealismo, afirmando la importancia primera del pensamiento, afirma que es él el que produce el ser, o dicho de otro modo: "el espíritu es el que produce la materia".

He aquí la primera forma del idealismo, que se ha desarrollado en las religiones afirmando que Dios, "espíritu puro", era el creador de la materia.

La religión, que ha pretendido y pretende aún permanecer fuera de las discusiones filosóficas, es por el contrario, la representación directa y lógica de la filosofía idealista.

Ahora bien, como la ciencia intervino en el transcurso de los siglos, llegó a ser necesario explicar la materia, el mundo, las cosas, de otro modo que por Dios solamente. Porque desde el siglo XV la ciencia comienza a explicar los fenómenos de la naturaleza sin tener en cuenta a Dios y prescindiendo de la hipótesis de la creación.

Para combatir mejor estas explicaciones científicas, materialistas ateas, había pues, que llevar más lejos el idealismo y *hasta negar la existencia de la materia.*

A eso se dedicó, a principios del siglo XVIII un obispo inglés, Berkeley, a quien se ha llamado el padre del idealismo.

II. ¿Por qué debemos estudiar el idealismo de Berkeley?

La finalidad de su sistema filosófico era, pues, destruir el materialismo, tratar de demostrarnos que la sustancia material no existe. En el prefacio de su libro *Diálogos de Hylas y de Fylonus,* escribe:

> Si estos principios son aceptados y considerados como verdaderos, se deduce que el ateísmo y el escepticismo quedan completamente demolidos de un

mismo golpe, las cuestiones oscuras, aclaradas; las dificultades casi insolubles, resueltas; y los hombres que se complacían en paradojas, vueltos al sentido común.

Así, pues, para Berkeley, lo verdadero es que la materia no existe y que es paradójico pretender lo contrario.

Vamos a ver cómo se las arregla para demostrarlo. Pero creo que no es inútil insistir en que aquellos que quieran estudiar la filosofía tomen la teoría de Berkeley en gran consideración.

Sé que pretender tales cosas hará sonreír a algunos, pero no hay que olvidar que vivimos en el siglo XV y nos beneficiamos con todos los estudios del pasado. Se verá, por otra parte, cuando estudiemos el materialismo y su historia, que los filósofos materialistas de tiempo atrás también harán sonreír.

Pero hay que saber que Diderot, que fue antes que Marx y Engels, el más grande entre los pensadores materialistas, atribuía al sistema de Berkeley cierta importancia, pues lo describe como "un sistema que, para vergüenza del espíritu humano y de la filosofía, es el más difícil de combatir, aunque sea el más absurdo de todos." (Cita de Lenin en *Materialismo y Empiriocriticismo,* p. 16)

El mismo Lenin, en su libro, consagró numerosas páginas a la filosofía de Berkeley, y escribió:

Los filósofos idealistas más modernos no han producido contra los materialistas ningún... argumento que no pueda encontrarse en el obispo Berkeley.

He aquí la apreciación del inmaterialismo de Berkeley en un manual de historia de la filosofía difundido aún hoy en los liceos:

> Teoría aún imperfecta, sin duda, pero admirable, y que debe destruir para siempre, en los espíritus filosóficos, la creencia en la existencia de una sustancia material.

Es decir, la importancia de ese razonamiento filosófico.

III. El idealismo de Berkeley

La finalidad de ese sistema consiste en demostrar que la materia no existe.

Berkeley decía:

> La materia no es lo que creemos, pensando que existe fuera de nuestro espíritu. Pensamos que las cosas existen porque las vemos, porque las tocamos; y como ellas nos brindan esas sensaciones, creemos en su existencia.
>
> Pero nuestras sensaciones no son más que ideas que tenemos en nuestro espíritu. Así, pues, los objetos, que percibimos por nuestros sentidos no son otra cosa más que ideas, y las ideas no pueden existir fuera de nuestro espíritu.

Para Berkeley las cosas existen, no niega su naturaleza y su existencia, pero sólo existen en forma de sensaciones que nos las hacen conocer, y dice: "nuestras sensaciones y los objetos no son más que una sola y misma cosa".

Las cosas existen, es verdad; pero en nosotros, en nuestro espíritu, y no tienen ninguna sustancia fuera del espíritu.

Concebimos, las cosas con ayuda de la vista; las percibimos con ayuda del tacto; el olfato nos informa sobre el olor; el sabor, sobre el gusto; el oído sobre los sonidos. Estas diferentes sensaciones nos dan ideas que, combinadas unas con otras, hacen que nosotros les demos un nombre común y las consideremos como objetos.

> Se observa por ejemplo, un color, un gusto, un olor, una forma, una consistencia determinada… se reconoce este conjunto como un objeto que se designa con la palabra manzana. Otras combinaciones de sensaciones nos dan otras colecciones de ideas que constituyen lo que se llama la piedra, el árbol, el libro y los otros objetos sensibles.

Somos víctimas de ilusiones, pues, cuando creemos conocer como exteriores el mundo y las cosas, puesto que todo eso no existe más que en nuestro espíritu.

En su libro *Diálogos de Hylas* y de *Fylonus,* Berkeley nos demuestra esta tesis de la manera siguiente:

¿No es un absurdo creer que una misma cosa en un mismo momento pueda ser diferente? Por ejemplo: caliente y frío en el mismo instante. Imaginad, pues, que una de nuestras manos esté caliente, la otra fría, y que ambas manos se sumerjan al mismo tiempo en un vaso lleno de agua, a una temperatura intermedia: ¿no parecerá el agua caliente para una mano, fría para la otra?

Como es absurdo creer que una misma cosa en el mismo momento pueda ser en sí misma diferente, debemos sacar la conclusión de que esta cosa no existe sino en nuestro espíritu.

¿Qué hace, pues, Berkeley en su método de razonamiento y de discusión? Despoja los objetos, las cosas, de todas sus propiedades:

¿Decís que los objetos existen porque tienen un color, un sabor, un olor, porque son grandes o pequeños, livianos o pesados? Voy a demostraros que eso no existe en los objetos sino en vuestro espíritu.

He aquí un retal de tejido: me decís que es rojo. ¿Será así con seguridad? Pensáis que el rojo está en el tejido mismo. ¿Es cierto? Sabéis que hay animales que tienen ojos diferentes de los nuestros y que no verá rojo este tejido; del mismo modo, un hombre que tenga ictericia ¡lo verá amarillo! Entonces, ¿de qué color es? ¿Decís que eso depende? El rojo no está, pues, en el tejido, sino en el ojo, en nosotros.

¿Decís que ese tejido es liviano? Dejadlo caer sobre una hormiga y lo encontrará pesado. ¿Quién tiene razón? pues ¿Pensáis que es caliente? Si tuvierais fiebre, ¡lo encontrarías frío! Entonces, ¿es caliente o frío?

En una palabra, si las mismas cosas pueden ser en el mismo instante para unos rojas, pesadas, calientes, y para otros exactamente lo contrario, es que somos víctimas de ilusiones y que las cosas sólo existen en nuestro espíritu.

Despojando los objetos de todas sus propiedades, llegamos a decir que no existen más que en nuestro pensamiento, es decir, que la materia es la idea.

Ya antes que Berkeley, los filósofos griegos decían, y era exacto, que algunas cualidades, como el sabor, el sonido no estaban en las cosas mismas, sino en nosotros.

Lo que hay de nuevo en la teoría de Berkeley es justamente que se extiende esta observación a todas las cualidades de los objetos.

Los filósofos griegos habían establecido, entre las cualidades las cosas, la distinción siguiente:

Por una parte, las cualidades primarias, es decir, las que están en los objetos, como el tamaño, el peso, la resistencia, etc.

Por otra parte las cualidades secundarias, es decir, las que están en nosotros, como el color, el sabor, el calor, etc.

Berkeley aplica a las cualidades primarias la misma tesis que a las secundarias, a saber: que las cualidades las propiedades, no están en los objetos, sino en nosotros.

Si miramos el sol, lo vemos redondo, plano, rojo. La ciencia nos enseña que nos engañarnos, que el sol no es plano, no es rojo. Hacemos abstracción, pues, por la ciencia, de ciertas falsas propiedades que atribuimos al sol, pero sin sacar, por ello, la conclusión de que no existe. Sin embargo, Berkeley llega a esa conclusión.

Berkeley no se ha equivocado demostrando que la distinción de los antiguos no resistía el análisis científico, pero incurre en una falta de razonamiento, en un sofisma, sacando, de esas observaciones, consecuencias que no se admiten. Demuestra, en efecto, que las cualidades de las cosas no son tales como las muestran nuestros sentidos, es decir, que nuestros sentidos nos engañan y deforman la realidad material, y en seguida saca la conclusión de que ¡la realidad material no existe!

IV. Consecuencias de los razonamientos "idealistas"

Como la tesis era: "Todo no existe más que en nuestro espíritu", esos razonamientos llegan a hacernos creer que el mundo exterior no existe.

Siguiendo este razonamiento hasta el extremo, llegamos a decir: "Soy el único que existe, puesto que sólo conozco a los otros hombres por mis ideas, puesto que los otros hombres sólo son para mí como los objetos materiales, confecciones de ideas". Es lo que en filosofía se llama el solipsismo (que quiere decir solo-yo-mismo).

Berkeley —nos dice Lenin en su libro ya citado— se defiende por instinto contra la acusación de sostener tal teoría. Hasta se comprueba que el solipsismo, forma extrema del idealismo, no ha sido sostenido por ningún filósofo.

Por eso debemos dedicarnos, discutiendo con los idealistas, a subrayar que los razonamientos que niegan efectivamente la materia para ser lógicos y consecuentes, deben llegar a este extremo absurdo que es el solipsismo.

V. Los argumentos idealistas

Nos hemos limitado a resumir lo más simplemente posible la teoría de Berkeley, porque es él quien ha expuesto más francamente lo que es el idealismo filosófico.

Es cierto que para comprender bien esos razonamientos, que son nuevos para nosotros, es indispensable tomarlos muy en serio y hacer un esfuerzo intelectual.

Veremos más adelante que, aunque el idealismo se presenta de una manera más oculta, cubierto con palabras y expresiones nuevas, todas las filosofías idealistas no hacen más que proseguir los argumentos del "viejo Berkeley" (Lenin)

Veremos también hasta qué punto ha podido penetrar en nosotros, a pesar de una educación enteramente laica, la filosofía idealista, que ha dominado y que domina aún la historia oficial de la Filosofía, trayendo consigo un método de pensamiento del que estamos impregnados.

Como la base de los argumentos de todas las filosofías idealistas se hallan en los razonamientos del obispo Berkeley, para resumir este capítulo vamos a tratar de descifrar cuáles son esos principales argumentos y qué tratan de demostrarnos.

1. *El espíritu crea la materia.*

Sabemos que esta es la respuesta idealista a la cuestión fundamental de la filosofía: es la primera forma del idealismo que se refleja en las diferencias religiosas en las que se afirma que el espíritu ha creado el mundo.

Esta afirmación puede tener dos sentidos:

O bien Dios ha creado el mundo y éste existe realmente fuera de nosotros. Es el idealismo ordinario de las teologías.

O bien Dios ha creado la ilusión del mundo, dándonos ideas que no corresponden a nada. Es el idealismo "inmaterialista" del obispo Berkeley, que quiere probarnos que el espíritu es la única realidad, pues la materia es un producto fabricado por nuestro espíritu

Por eso los idealistas que afinan:

2. *El mundo no existe fuera de nuestro pensamiento*

Es lo que Berkeley quiere demostrarnos afirmando que cometemos un error si atribuimos a las cosas, como propias de ellas, cualidades y propiedades que no existen más que en nuestro espíritu.

Para los idealistas, los bancos y las mesas existen, sin duda, pero sólo en nuestro pensamiento, y no fuera de nosotros, porque

3. *Son nuestras ideas las que crean las cosas.*

Dicho de otro modo, las cosas son el reflejo de nuestros pensamientos. En efecto, puesto que el espíritu es el que crea la ilusión de la materia, puesto que el espíritu es el que da a nuestro pensamiento la idea de la materia, puesto que las sensaciones que experimentamos ante las cosas no provienen de las cosas mismas, sino sólo de nuestro pensamiento. Pero como, para Berkeley, nuestro espíritu sería incapaz de crear por sí solo sus ideas, y por otra parte no hace lo que quiere, como ocurriría si las creara por sí mismo, hay que admitir que otro espíritu más poderoso es el que las crea. Así, pues, Dios es el que crea nuestro espíritu y nos impone todas las ideas del mundo que encontramos en él.

He aquí las principales tesis sobre las cuales se apoyan las doctrinas idealistas y las respuestas que dan a la cuestión fundamental de la filosofía. Veremos en el capítulo siguiente la respuesta de la filosofía materialista a esta cuestión y a los problemas planteados por estas tesis.

Capítulo III: El materialismo

I. ¿Por qué debemos estudiar el materialismo?

Hemos visto que, para responder a este problema: ¿Cuáles son las relaciones entre el ser y el pensamiento?", no puede haber más que dos respuestas opuestas y contradictorias.

Hemos estudiado en el capítulo precedente la respuesta idealista y hemos visto los argumentos presentados para defender esta filosofía.

Nos falta, pues, examinar 1a segunda respuesta a este problema fundamental (problema —repetimos,— que se encuentra en la base de toda filosofía) y ver cuáles son los argumentos que el materialismo aporta en su defensa. Tanto más cuanto que sabemos que el materialismo es, para nosotros, una filosofía muy importante, porque es la del marxismo.

Así, pues, es indispensable, en consecuencia, conocer muy bien el materialismo. Debemos hacerlo, sobre todo porque las concepciones de esta filosofía son muy mal conocidas y han sido falsificadas. Debemos hacerlo también porque por nuestra educación, por la instrucción que hemos recibido —sea primaria o desarrollada—, por nuestros hábitos de vivir y de razonar, todos, más o menos, sin darnos cuenta, estamos impregnados de concepciones idealistas. (Veremos, por otra parte, en otros capítulos, muchos ejemplos que explican esta afirmación).

Es de una necesidad absoluta, pues, para aquellos que quieren estudiar el marxismo, conocer su base: el materialismo.

II. ¿De dónde procede el materialismo?

Hemos definido la filosofía, de manera general, como un esfuerzo para explicar el mundo, el universo. Pero sabemos; que, según el estado de los conocimientos humanos, sus explicaciones han cambiado y que, en el transcurso de la historia de la humanidad, dos actitudes han tratado de explicar el mundo: una, anticientífica, que recurre a uno o varios espíritus superiores, a fuerzas sobrenaturales; otra, científica, que se funda en hechos y en experiencias.

Una de esas concepciones es defendida por los filósofos idealistas; la otra, por los materialistas.

Por eso, desde el comienzo de este libro, hemos dicho que la primera idea que debía tenerse del materialismo es que esta filosofía representa la "explicación científica del universo".

Si el idealismo ha nacido de la ignorancia de los hombres —y veremos cómo se mantuvo la ignorancia, sostenida en la historia de las sociedades por fuerzas que compartían las concepciones idealistas—, el materialismo ha nacido de la lucha de las ciencias contra la ignorancia o el oscurantismo.

Por eso esta filosofía fue tan combatida y, aún en nuestros días, en su forma moderna (el materialismo dialéctico), es poco conocida si no ignorada o negada, por el mundo, universitario oficial.

III. ¿Cómo y por qué ha evolucionado el materialismo?

Contrariamente a lo que pretenden los que combaten esta filosofía y que dicen que esta doctrina no ha evolucionado desde hace veinte siglos, la historia del materialismo nos muestra esta filosofía como algo vivo y siempre en movimiento.

En el transcurso de los siglos los conocimientos científicos de los hombres han progresado. En los comienzos de la historia del pensamiento, en la antigüedad griega, los conocimientos científicos eran casi nulos y los primeros sabios eran al mismo tiempo filósofos idealistas, surgió un antagonismo entre la filosofía y las ciencias.

Como las ciencias estaban en contradicción con la filosofía oficial de esa época, fue necesario que se separaran. Así pues:

> nada es más apremiante para ellas que desembarazarse del fárrago filosófico y dejar a los filósofos las vastas hipótesis para tomar contacto con problemas restringidos, aquéllos que están maduros, para una cercana solución. Entonces se produce esa distinción entre las ciencias... y la filosofía.

Pero el materialismo ha nacido con las ciencias, ligado a ellas y dependiente de ellas ha progresado, evolucionado con ellas, para llegar, con el materialismo moderno, el de Marx y Engels, a reunir de nuevo la ciencia y la filosofía en el materialismo dialéctico.

Estudiaremos esta historia y esta evolución que están vinculadas a los progresos de la civilización, pero desde ahora comprobamos, y es lo más importante de recordar, que el materialismo y las ciencias están ligados uno a las otras y que el materialismo depende en absoluto de la ciencia.

Nos queda por establecer y por definir las bases del materialismo que son comunes a todas las filosofías que, con diferentes aspectos, derivan del materialismo.

IV. ¿Cuáles son los principios y los argumento de los materialistas?

Para responder, hay que volver a la cuestión fundamental de la filosofía, la de las relaciones entre el ser y el pensamiento: ¿cuál de los dos es el principal?

Los materialistas afirman primero que hay una relación determinada entre el ser y el pensamiento, entre la materia y el espíritu. Para ellos, el ser, la materia, es el elemento primordial, la cosa primera, y el espíritu es la cosa secundaria posterior, dependiente de la materia.

Así, pues, para los materialistas, no es el espíritu o Dios quienes han creado el mundo y la materia, sino el mundo, la materia, la naturaleza son los que han creado el espíritu:

> El espíritu mismo no es más que el producto superior de la materia.

Por eso, si volvemos sobre la cuestión que hemos planteado en el segundo capítulo: "¿Por qué piensa el hombre?", los materialistas responden que el hombre piensa porque tiene cerebro y que el pensamiento es el producto del cerebro para ellos no puede haber pensamiento sin materia, sin cuerpo.

> Nuestra conciencia y nuestro pensamiento, por muy trascendentes que parezcan, sólo son productos de un órgano material, corporal, el cerebro.

Por consiguiente para los materialistas la materia, el ser, son algo real, existe fuera de nuestro pensamiento y no necesitan del pensamiento del espíritu para existir. Sin materia no hay alma inmortal e independiente del cuerpo.

Contrariamente a lo que dicen los idealistas, las cosas que nos rodean existen independientemente de nosotros son ellas las que no dan nuestros pensamientos; y nuestras ideas no son más que el reflejo de las cosas en nuestro cerebro.

Por eso, ante el segundo aspecto de la cuestión de las relaciones del ser y del pensamiento:

> ¿Qué relación hay entre nuestras ideas sobre el mundo que nos rodea y ese mismo mundo? ¿Está nuestro pensamiento en condiciones de conocer el mundo real? ¿Podemos reproducir, en nuestras concepciones del mundo real, una imagen fiel de la realidad?

Esta cuestión se llama, en lenguaje filosófico, la cuestión de la identidad del pensamiento y del ser.

Los materialistas afirman: ¡Sí!, podemos conocer el mundo, y las ideas que nos hacemos de este mundo son cada vez más exactas, puesto que podemos estudiarlo con ayuda de las ciencias, puesto que éstas nos prueban continuamente, por la experiencia, que las cosas que nos rodean tienen sin duda una vida que les es propia, independiente de nosotros, y que los hombres ya pueden reproducir estas cosas en parte.

Para resumir, diremos, pues, que los materialistas, ante el problema fundamental de la filosofía, afirman:

1. *Que la materia es la que produce el espíritu,* y que científicamente, nunca se ha visto espíritu sin materia.

2. *Que la materia exista fuera de todo espíritu,* y que no necesita espíritu para existir, pues tiene una existencia que le es particular, y que, por consiguiente, contrariamente a lo que dicen los idealistas, no son nuestras ideas las que crean las cosas, sino, por el contrario, son las cosas las que nos dan las ideas.

3. *Que somos capaces de conocer el mundo,* que las ideas que nos hacemos de la materia y del mundo son cada vez más exactas, puesto que, con ayuda de las ciencias, podemos determinar lo que ya conocemos y descubrir lo que ignoramos.

Capítulo V: ¿Quién tiene razón, el idealista o el materialista?

I. ¿Cómo debemos plantear el problema?

Ahora que hemos, visto las tesis de los idealistas y de los materialistas, trataremos de saber quién tiene razón.

Recordemos que necesitamos, comprobar, ante todo, por una parte, que esas tesis son absolutamente opuestas y contradictorias.

Por otra parte, que en seguida que se defiende una u otra teoría, ésta nos empuja a conclusiones que, por sus consecuencias, son muy importantes.

Para saber quién tiene razón, debemos remitirnos a los tres puntos en los cuales hemos resumido cada argumentación.

Los idealistas afirman:

1. Que el espíritu es el que crea la materia.

2. Que la materia no existe fuera de nuestro pensamiento, que para nosotros sólo es, pues, una ilusión.

3. Que nuestras ideas son las que crean las cosas.

Los materialistas afirman exactamente lo contrario. Creemos que para estudiar este problema y facilitar nuestro trabajo, hay que estudiar primero lo que entra en el dominio del sentido común y que nos asombra más.

1. ¿Es verdad que el mundo no existe más que en nuestro pensamiento?

2. ¿Es verdad que son nuestras ideas las que crean las cosas?

He aquí dos argumentos sostenidos por el idealismo "inmaterialista" de Berkeley, cuyas, conclusiones llevan, como en todas las teologías, a nuestra tercera cuestión:

3. ¿Es verdad que el espíritu crea la materia?

Estas son cuestiones muy importantes, porque se relacionan con el problema fundamental de la filosofía. Por consiguiente, discutiéndolas vamos a saber quién tiene razón, y observamos que son particularmente interesantes para los materialistas, en el sentido de que las soluciones que dan son comunes a todas las filosofías materialistas.

II. ¿Es verdad que el mundo no existe más que en nuestro pensamiento?

Antes de estudiar esta cuestión debemos determinar dos términos filosóficos que utilizaremos, y que encontraremos a menudo en nuestras lecturas.

Realidad subjetiva (que quiere decir: realidad que sólo existe en nuestro pensamiento).

Realidad objetiva (realidad que existe fuera de nuestro pensamiento).

Los idealistas dicen que el mundo no es una realidad objetiva, sino subjetiva.

Los materialistas dicen que el mundo en una realidad objetiva.

Para demostrarnos que el mundo y las cosas no existen más que en nuestro pensamiento, el obispo Berkeley los compone con sus propiedades (color, tamaño, densidad, etc.). Nos demuestra que esas propiedades, que varían según los individuos, no están en las cosas mismas, sino en el espíritu de cada uno de nosotros. Deduce de ello que la materia es un conjunto de propiedades no objetivas, sino subjetivas, y que, por consiguiente, no existe.

Si volvemos al ejemplo del sol, Berkeley nos pregunta si creemos en la realidad objetiva del disco rojo, y nos demuestran con su método de discusión de las propiedades, que el sol no es rojo y no es un disco. Así, pues, el sol no es una realidad objetiva, porque no existe por sí mismo, sino que es una simple realidad subjetiva puesto que existe en nuestro pensamiento.

Los materialistas afirman por lo menos que el sol existe, no porque lo vemos como un disco plano y rojo —porque esto es el realismo ingenuo de los niños y de los primeros hombres, que sólo tenían sus sentidos para controlar la realidad—, sino que afirman que el sol existe invocando la ciencia. Ésta nos permite rectificar los errores que nuestros sentidos nos hacen cometer.

Pero debemos, en este ejemplo del sol, plantear claramente el problema.

Con Berkeley diremos que el sol no es un disco, y que no es rojo, pero no aceptamos sus conclusiones: la negación del sol como realidad objetiva.

No discutimos las propiedades de las cosas, sino su existencia.

No discutimos para saber si nuestros sentidos nos engañan y deforman la realidad material, sino si esta realidad existe fuera de nuestros sentidos.

Y bien, los materialistas afirman la existencia de esta realidad fuera de nosotros y proporcionan argumentos que son la ciencia misma.

¿Qué hacen los idealistas para demostrarnos que tienen razón? Discuten acerca de las palabras, hacen grandes discursos, escriben numerosas páginas.

Supongamos, por un instante, que tengan razón. Si el mundo no existe más que en nuestro pensamiento, ¿no ha existido el mundo pues, antes de los hombres? Sabemos que esto es falso, porque la ciencia nos demuestra que el hombre ha aparecido muy tarde sobre la tierra. Algunos idealistas nos dirán, entonces, que antes del hombre había animales y que podía habitarlos el pensamiento. Pero sabemos que antes de los animales existía la tierra inhabitable y que ninguna vida orgánica era posible. Otros agregarán que aun cuando existiera el sistema solar solo y el hombre no existiera, el pensamiento, el espíritu existirían en Dios. Así llegamos a la forma suprema del idealismo. Tenemos que elegir entre Dios y la ciencia. El idealismo no puede sostenerse sin Dios y Dios no puede existir sin el idealismo.

He aquí, pues exactamente, cómo se plantea el problema del idealismo y del materialismo. ¿Quién tiene razón? ¿Dios o la ciencia?

Dios es un puro espíritu creador de la materia, una afirmación sin prueba.

La ciencia va a demostrarnos, por la práctica y la experiencia, que el mundo es una realidad objetiva y va a permitirnos responder a la cuestión.

III. ¿Es verdad que son nuestras ideas las que crean las cosas?

Tomemos por ejemplo, un autobús que pasa en el instante en que atravesamos la calle, en compañía de un idealista con quien discutimos si las cosas son una realidad objetiva o subjetiva y si es cierto que son nuestras ideas las que crean las cosas. No cabe duda de que, si no queremos ser aplastados debemos prestar mucha atención. Así, pues en la práctica el idealista se ve obligado a reconocer la existencia del autobús. Para él, prácticamente, no hay diferencia entre un autobús objetivo y un autobús subjetivo, y esto es tan exacto que la práctica prueba que los idealistas en la vida son materialistas.

A propósito de este tema podríamos citar numerosos ejemplos en los que los filósofos idealistas y los que sostienen esta filosofía ¡no desdeñan ciertas bajezas "objetivas" para obtener lo que para ellos no es más que una realidad subjetiva!

Por otra parte, por eso no se ve ya a nadie que afirme, como Berkeley, que el mundo no existe. Los argumentos son mucho más sutiles y más ocultos. Consultar, como ejemplo de la manera de argumentar los idealistas, el capítulo titulado: "El descubrimiento de los elementos del mundo" en el libro de Lenin *Materialismo y empiriocriticismo*.

Así, pues, según la palabra de Lenin, "el criterio de la práctica" nos permitirá confundir a los idealistas.

Éstos, por otra parte, no dejarán de decir que la teoría y la práctica no son parejas y que son dos cosas completamente diferentes. No es cierto. Si una concepción es exacta o falsa, sólo lo demostrará la práctica por la experiencia.

El ejemplo del autobús muestra que el mundo tiene una realidad objetiva y no es una ilusión creada por nuestro espíritu.

Nos queda por ver ahora, dado que la teoría del inmaterialismo de Berkeley no puede sostenerse ante la ciencia y el criterio de la práctica, si —como lo afirman todas las conclusiones de las filosofías idealistas, de las religiones y de las teologías— el espíritu crea la materia.

IV. ¿Es verdad que el espíritu crea la materia?

Tal como lo hemos visto más arriba, el espíritu, para los idealistas, tiene su forma suprema en Dios. Es la respuesta final, la conclusión de su teoría, y por eso el problema *espíritu-materia* se plantea en último análisis, para saber quién tiene razón, en la forma del problema: "Dios o la ciencia".

Los idealistas afirman que Dios ha existido por toda la eternidad, y, no habiendo sufrido ningún cambio, siempre es el mismo. Es el espíritu puro, para quien no existen el tiempo y el espacio. Es el creador de la materia.

Para sostener su afirmación de Dios, tampoco presentan los idealistas ningún argumento..

Para defender la creación de la materia han recurrido a una serie de misterios, que un espíritu científico no puede aceptar.

Cuando nos remontamos al origen de la ciencia y vemos que en medio de su gran ignorancia los hombres primitivos han hecho surgir en su espíritu la idea de Dios, se comprueba que los idealistas del siglo XX continúan, como los primeros hombres, ignorando todo cuanto un trabajo paciente y perseverante ha permitido conocer. Porque, al fin de cuentas, para los idealistas Dios no puede explicarse y continúa siendo para ellos una creencia sin ninguna prueba. Cuando los idealistas quieren "probarnos" la necesidad de una creación del mundo diciendo que la materia no ha existido siempre, que, sin duda, ha debido nacer, nos explican que Dios jamás tuvo comienzo. ¿Qué aclara esta explicación?

Para sostener sus argumentos, los materialistas, por el contrario, se servirán de las ciencias, que los hombres han desarrollado a medida *que hacían retroceder* los "límites de su ignorancia"

¿Y entonces nos permite la ciencia pensar que el espíritu ha creado la materia? No.

La idea de una creación por un espíritu puro es incomprensible, porque nosotros no conocemos nada acerca de tal existencia. Para que esto fuera posible habría sido necesario, como dicen los idealistas, que el espíritu existiera solo antes que la materia, mientras que la ciencia nos demuestra que esto no es posible, y que nunca hay espíritu sin materia. Por el contrario, siempre el espíritu está ligado a la materia, y comprobamos particularmente que el espíritu del hombre está vinculado al cerebro, que es la fuente de nuestras ideas y de nuestro pensamiento. La ciencia no nos permite concebir que las ideas existan en el vacío.

Sería necesario, pues, que el espíritu-Dios, para que pudiera existir, tuviera un cerebro. Por eso podemos decir que no es Dios el que ha creado la materia, y por lo tanto al hombre, sino la materia, en la forma del cerebro humano, la que ha creado el espíritu-Dios.

Veremos más adelante si la ciencia nos da la posibilidad de creer en un Dios, o en algo sobre lo cual el tiempo no haría efecto, y para lo cual el espacio, el movimiento y el cambio no existieran.

Desde ahora podemos sacar conclusiones. En su respuesta al problema fundamental de la filosofía:

V. Los materialistas tienen razón y la ciencia prueba sus afirmaciones

Los materialistas tienen razón al afirmar:

1. Contra el idealismo de Berkeley y contra los filósofos que se ocultan detrás de su inmaterialismo: que el

mundo y las cosas, por una parte, existen sin duda fuera de nuestro pensamiento, y que no necesitan de nuestro pensamiento para existir; por otra parte, que no son nuestras ideas las que crean las cosas, sino que, por el contrario, son las cosas las que nos dan nuestras ideas.

2. Contra todas las filosofías idealistas porque sus conclusiones llevan a afirmar la creación de la materia por el espíritu, o sea, en última instancia, a afirmar la existencia de Dios y a sostener las religiones teológicas—, los materialistas, apoyándose en las ciencias, afirman y prueban que la materia es la que crea el espíritu y que no necesitan la "hipótesis de Dios" para explicar la creación de la materia.

Observación.— Debemos prestar atención a la manera como los idealistas plantean los problemas. Afirman que Dios ha creado al hombre, aun cuando hemos visto que el hombre es el que ha creado a Dios. Por otra parte, afirman también que el espíritu es el que ha creado la materia, cuando vemos exactamente lo contrario. Hay ahí una manera de invertir las perspectivas, que debe señalarse.

Capítulo V:
¿Hay una tercera filosofía?
El agnosticismo

I. ¿Por qué una tercera filosofía?

Después de estos primeros capítulos puede parecernos que, en suma, debe ser bastante fácil reconocernos en medio de estos razonamientos filosóficos, puesto que sólo dos grandes corrientes se reparten todas las teorías: el idealismo y el materialismo. Y que, además, los argumentos que concurren en favor del materialismo atraen la convicción de manera definitiva.

Parecería, pues, que después de cierto examen, hubiéramos encontrado el camino que conduce a la filosofía de la razón: el materialismo.

Pero las cosas no son tan simples. Tal vez como ya lo hemos señalado, los idealistas modernos no tienen la franqueza del obispo Berkeley. Presentan sus ideas con mucho más artificio, bajo una forma oscurecida por el empleo de una "terminología nueva", destinada a hacerlas considerar por la gente ingenua, como la filosofía "más moderna".

Hemos visto que, para responder a la cuestión fundamental de la filosofía hay dos respuestas totalmente opuestas, contradictorias e irreconciliables. Estas dos respuestas son muy claras y no permiten ninguna confusión.

Ya hacia 1710, el problema se planteaba de este modo: por una parte, los que afirmaban la existencia de la materia fuera de nuestro pensamiento, eran los materialistas, por otra, con Berkeley, los que negaban la existencia de la materia y pretendían que ésta sólo existía en nosotros, en nuestro espíritu, eran los idealistas.

Un poco más tarde, con el progreso de las ciencias, otros filósofos intervinieron tratando de balancear entre idealistas y materialistas, creando una corriente filosófica que lanza una confusión entre esas dos teorías. Esta confusión tiene su fuente en la búsqueda de una tercera filosofía.

II. Razonamiento de esta tercera filosofía

La base de esta filosofía, que fue elaborada después de Berkeley, consiste en sostener que es inútil tratar de conocer la naturaleza real de las cosas, pues nunca conoceremos más que las apariencias.

Por esto se llama a esta filosofía *Agnosticismo* (del griego *a*, negación y *gnósticos* capaz de conocer; así, pues, "incapaz de conocer").

Según los agnósticos, no se puede saber si el mundo es, en el fondo, espíritu o naturaleza. Es posible conocer la apariencia de las cosas, pero no podemos conocer su realidad.

Volvamos al ejemplo del sol. Hemos visto que no hay, como lo creían los primeros hombres, un disco plano y rojo. Ese disco no era, pues, más que una ilusión, una apariencia (la apariencia es la *idea superficial* que nos hacemos de las cosas, pero no es la realidad). Por eso considerarnos que los idealistas y los materialistas distan para saber si las cosas son materia o espíritu, si esas cosas existen o no fuera de nuestro pensamiento, si nos es posible no conocerlas, los agnósticos dicen que se puede conocer la apariencia, pero jamás la realidad.

Nuestros sentidos —dicen— nos permiten ver y sentir las cosas, conocer sus aspectos exteriores, sus apariencias; esas apariencias existen, pues, para nosotros, es lo que se llama, en lenguaje filosófico, "la cosa para nosotros". Pero no podemos conocer la cosa independiente de nosotros, con su realidad que le es propia, lo que se llama "la cosa en sí".

Los idealistas y los materialistas que discuten continuamente estos temas pueden compararse con dos hombres, uno con anteojos azules, el otro rosados, que se pasearan por la nieve disputando acerca de su color. Supongamos que nunca pudieran sacarse sus anteojos. ¿Podrían conocer algún día el verdadero color de la nieve?...No. Y bien, los idealistas y los materialistas que disputan por saber cuál de los dos tiene razón llevan anteojos azules y rosados. Jamás conocerán la realidad. Tendrán un conocimiento "para ello" de la nieve "en sí misma". Tal es el razonamiento de los agnósticos.

III. ¿De dónde procede esta filosofía?

Los fundadores de esta filosofía fueron Hume (1711-1776), que era inglés, y Kant (1724-1804), un alemán. Los dos han tratado de conciliar el idealismo con el materialismo.

He aquí un pasaje de los razonamientos de Hume citado por Lenin en su libro *Materialismo y empiriocriticismo:*

> Se puede considerar evidente que los hombres se inclinan por instinto natural... a fiarse de sus senti-

dos y que, sin el menor razonamiento... suponemos siempre la existencia de un universo exterior, que no depende de nuestra percepción y que existiría aunque fuéramos aniquilados con todos los seres dotados de sensibilidad... Pero esta opinión primordial y universal es rebatida vivamente por la filosofía más superficial que nos enseña que nada más que la imagen o la percepción podrá ser accesible a nuestro espíritu que las sensaciones no son más que conductos seguidos por esas imágenes, y no están en condiciones de establecer por ellas mismas una relación directa, sea cual fuere, entre el espíritu y el objeto. La mesa que vemos parece más pequeña cuando nos alejamos; pero la mesa real que existe independientemente de nosotros no cambia; nuestro espíritu no ha percibido, pues, otra cosa más que la imagen de la mesa. Tales son las indicaciones evidentes de la razón.

Vemos que Hume admite en primer lugar la "existencia de un universo exterior" que no depende de nosotros. Pero en seguida se niega a admitir esta existencia como realidad objetiva. Para él, esta existencia no es más que una imagen, y nuestros sentidos, que comprueban esta existencia, esta imagen, son incapaces de establecer una relación, sea cual fuere, entre el espíritu y el objeto. En una palabra, vivimos en medio de las cosas como en el cine, en la pantalla del cual comprobamos la imagen de los objetos, su existencia, pero donde detrás de los objetos mismos, o sea detrás de la pantalla, no hay nada. Ahora, si se quiere saber cómo nuestro espíritu tiene conocimiento de los objetos, tal vez se deba a la energía de nuestra inteligencia, misma, o la acción de cierto espíritu invisible y desconocido, o bien a cierta causa menos conocida todavía.

IV. Consecuencias de esta teoría

He aquí una teoría seductora que, por otra parte, está muy difundida. Volvemos a encontrarla, con diferentes aspectos, en el transcurso de la historia, entre las teorías filosóficas y, en nuestros días, entre todos los que pretenden "permanecer neutrales y mantenerse en una reserva científica".

Debemos examinar si esos razonamientos son justos y cuáles son las consecuencias que derivan de ellos.

Si nos es verdaderamente imposible, como afirman los agnósticos, conocer la verdadera naturaleza de las cosas, y si nuestro conocimiento se limita a sus apariencias, no podemos afirmar, pues, la existencia de la realidad objetiva y no podemos saber si las cosas existen por sí mismas. Si para nosotros, por ejemplo, el autobús es una realidad objetiva, el agnóstico nos dice que de ello no está seguro. No se puede saber si ese autobús es un pensamiento o una realidad. No nos es posible sostener, pues, que nuestro pensamiento es el reflejo de las cosas. Vemos que estamos en pleno razonamiento idealista porque, entre afirmar que las cosas no existen o bien simplemente que no se puede saber si existen, la diferencia no es grande.

Hemos visto que el agnóstico distingue las "cosas para nosotros" y "las cosas en sí". El estudio de las cosas para nosotros es posible, pues es la ciencia; pero, el estudio de las cosas en sí es imposible, porque no podemos conocer lo que existe fuera de nosotros.

El resultado de ese razonamiento es el siguiente: el agnóstico acepta la ciencia; cree en ella y quiere constituirla. Y, como no se puede hacer ciencia más que con la condición de expulsar de la naturaleza toda la fuerza sobrenatural, ante la ciencia, es materialista.

Pero se apresura al negar que, como la ciencia no nos da más que apariencias, esto no quiere decir que no haya en la realidad nada más que la materia, o aun hasta que exista la materia, o que Dios no exista. La razón humana no puede saberlo, y no hay, pues, que inmiscuirse en eso. Si hay otros medios para conocer "las cosas en sí", como la fe religiosa, el agnóstico no quiere saberlo tampoco y no se reconoce el derecho de discutirlo.

Para la conducta de la vida y para la construcción de la ciencia, el agnóstico es, pues, un materialista, pero es un materialista que no se atreve a afirmar su filosofía que trata ante todo de no atraerse dificultades con los idealistas, de no entrar en lucha con las religiones. Es un "materialista vergonzante".

La consecuencia de esto es que, dudando del valor profundo de la ciencia, no viendo en ella más que ilusiones, esta tercera filosofía nos propone, por consiguiente, no conceder ninguna verdad a la ciencia y que es perfectamente inútil tratar de saber algo, tratar de hacer avanzar el progreso.

Los agnósticos dicen: antiguamente los hombre, veían el sol como un disco plano y creían que era la realidad: se entrañaban. Hoy la ciencia nos dice que el sol no es tal como lo vemos y pretende explicarlo todo. Sabemos, sin embargo, que ella se engaña a menudo, destruyendo un día lo que había construido la víspera. Error ayer, verdad hoy, pero error mañana. Así, sostienen los agnósticos, no podemos saber, no estamos seguros de nada por la razón. Y si otros medios además de la razón, como la fe religiosa, pretenden darnos certidumbres absolutas, ni siquiera la ciencia puede impedirnos creer en ellas. Disminuyendo la confianza en las ciencias, el agnosticismo prepara el retorno de las religiones.

V. Cómo debemos refutar este razonamiento

Hemos visto que, para probar sus afirmaciones, los materialistas se sirven no sólo de la ciencia, sino también de la experiencia que permite comprobar las ciencias. "Con el criterio de la práctica" de puede *saber*, se pueden conocer las cosas.

Los agnósticos nos dicen que es imposible afirmar que el mundo exterior existe o no existe.

Ahora bien, por la práctica, sabemos que el mundo y las cosas existen. Sabemos que las ideas que nos hacemos de las cosas son exactas, que las relaciones que hemos establecido entre las cosas y nosotros son reales.

Desde el momento en que sometemos estos objetos a nuestro uso de acuerdo con las cualidades que advertimos en ellos, sometemos a una prueba infalible la corrección o la falsedad de nuestras percepciones sensibles. Si estas percepciones fueran falsas, nuestra apreciación del uso que se puede hacer de un objeto debería igualmente serlo y nuestro ensayo debería fracasar. Pero si logramos alcanzar nuestro objetivo, si advertimos que el objeto concuerda con la idea que teníamos de él y responde al destino que queríamos darle, ésta es una prueba positiva de que nuestras percepciones del objeto y de sus cualidades están de acuerdo con una realidad exterior a nosotros mismos, y cada vez que experimentamos un fracaso, dedicamos generalmente poco tiempo para descubrir la razón que nos ha hecho fracasar, advertimos que la percepción sobre la cual nos habíamos fundado para obrar era o incompleta y superficial, o combinada con los resultados de otras percepciones. De tal manera que no garantizaban lo que llamamos razonamiento verdadero. Mientras nos preocupamos por guiar y utilizar convenientemente nuestros sentidos y de mantener nuestra acción en los límites prescriptos por las percepciones convenientemente utilizadas, advertimos que el resultado de nuestra acción prueba la conformidad de nuestras percepciones con la naturaleza objetiva a de las cosas percibidas. En ningún caso hemos llegado aún a la conclusión de que nuestras percepciones sensibles científicamente comprobadas produzcan en nuestros espíritus ideas sobre el mundo exterior que estén, por su misma naturaleza, en desacuerdo con la realidad, o que haya una incompatibilidad inherente entre el mundo y las percepciones sensibles que nosotros tenemos de él.

Volviendo al ejemplo de Engels, diremos: "la prueba del *pudding* es que se lo come" (proverbio inglés). Si no existiera, o si no fuera más que una idea, después de haberlo comido nuestra hambre no se habría saciado en absoluto. Así pues, no es perfectamente posible conocer las cosas, ver si nuestras ideas correspondencia la realidad. No es posible comprobar los datos de la ciencia por la experiencia y la industria que traducen en aplicaciones prácticas los resultados teóricos de las ciencias. Si podemos hacer caucho sintético es porque la ciencia conoce "la cosa en sí", que es el caucho.

Vemos pues, que no es inútil tratar de saber quién tiene razón, puesto, que a pesar de los errores teóricos que la ciencia pueda cometer, la experiencia nos da cada vez la prueba de que, sin duda, es la ciencia la que tiene razón.

VI. Conclusión

Desde el siglo XVIII, y según los diferentes pensadores cuyas ideas ha tomado en mayor o menor medida el agnosticismo, vemos que esta filosofía es atraída tanto por el idealismo como por el materialismo. Cubierta con palabras nuevas, como dice Lenin, sirviéndose de las ciencias para apuntalar sus razonamientos, no hace más que crear la confusión entre las dos teorías. Permitiendo así que algunos tengan una filosofía cómoda que les da la posibilidad de declarar que no son idealistas, porque se sirven de la ciencia, pero que no son materialistas porque no se atreven a llevar sus argumentos hasta el fin, porque no son consecuentes.

¿Qué es, pues, el agnosticismo, dice Engels, sino... un materialismo "vergonzante"? La concepción agnóstica de la naturaleza, es completamente materialista. El mundo natural está enteramente regido por leyes y excluye en absoluto toda intervención exterior. Pero —agrega— no tenemos ningún medio para afirmar o negar la existencia de cierto ser supremo que esté más allá del mundo conocido. Esta filosofía hace el juego al idealismo, pues, y al fin de cuentas, porque son inconsecuentes con sus razonamientos, los agnósticos niegan al idealismo. "Rascad al agnóstico —dijo Lenin— y tendréis al idealista". Hemos visto que se puede *saber* quién tiene razón: si el materialismo o el idealismo. Vemos ahora que las teorías que pretenden conciliar estas dos filosofías sólo pueden, de hecho, sostener el idealismo, no aportan una tercera respuesta a la cuestión fundamental de la filosofía y, por *consiguiente, no hay tercera filosofía.*

Segunda parte
El materialismo filosófico

Capítulo I: La materia y los materialistas

Después de haber definido las ideas comunes a todos los materialistas; después, los argumentos de todos los materialistas contra las filosofías idealistas y, por último, el error del agnosticismo, vamos a sacar las conclusiones de esta enseñanza y a reforzar nuestros argumentos materialistas aportando nuestras respuestas a las dos preguntas siguientes:

1ª ¿Qué es la materia?

2ª ¿Qué significa ser materialista?

I. ¿Qué es la materia?

Importancia de la cuestión. Cada vez que tenemos un problema que resolver, debemos plantear las cuestiones muy claramente. En efecto, aquí no es tan simple dar una respuesta satisfactoria. Para lograrlo debemos establecer una teoría de la materia.

En general, la gente cree que la materia es lo que se puede tocar, lo que es resistente y duro. En la antigüedad griega la materia se definía de ese modo.

Hoy sabemos, gracias a las ciencias, que eso no es exacto.

II. Teorías sucesivas de la materia

(Nuestro propósito consiste en dar a conocer en la forma más sencilla las diversas teorías relativas a la materia sin entrar en explicaciones científicas).

En Grecia se creía que la materia era algo duro, que no podía dividirse hasta el infinito. Llega un momento —se decía— en que los trozos ya no son divisibles, y a esas partículas se les ha llamado átomos (lo que quiere decir indivisibles). Una mesa es, entonces, un conglomerado de átomos. Se creía también que esos átomos eran diferentes unos de otros; había átomos lisos y redondos como los del aceite; otros rugosos y torcidos, como los contenidos en el vinagre.

Demócrito, filósofo materialista de esa época, que sustentó esa teoría, es el primero que trata de dar una explicación materialista del mundo; creía, por ejemplo, que el cuerpo humano estaba compuesto por átomos gruesos, que el alma era un conglomerado de átomos más finos y, como admitía la existencia de los dioses y, sin embargo, quería explicarlo todo con su actitud materialista, afirmaba que los dioses estaban compuestos por átomos extrafinos.

Así, pues, los hombres han tratado de explicar, desde la antigüedad, qué es la materia.

La Edad Media no aporta nada nuevo a la teoría de los átomos dada por los griegos. Sólo en el siglo XIX esta teoría se modifica profundamente.

Se creía que la materia se dividía en átomos, que estos últimos eran partículas muy duras que se atraían unas a otras. Se había abandonado la teoría de los griegos, y esos átomos ya no eran torcidos o lisos, pero se continuaba sosteniendo que eran duros, indivisibles, y que experimentaban un movimiento de atracción los unos sobre los otros.

El progreso ha permitido a las ciencias dar precisiones e ir más adelante en la explicación de la materia. Hoy se demuestra que el átomo es un centro alrededor del cual gravita un pequeño sistema de planetas que emiten pequeñas descargas eléctricas. El centro o núcleo del átomo es, en sí mismo, complejo y de estructura muy variada. La materia es un conglomerado de esos átomos y si nuestra mano apoyada sobre la mesa siente una resistencia, es que la mano recibe un número incalculable de pequeñas descargas eléctricas, de choques que proceden de esos pequeños sistemas que son los átomos.

A esta nueva teoría moderna sobre la materia, teoría confirmada por las experiencias científicas, los idealistas le han reprochado: "¡Ya no se trata de materia dura!: por consiguiente, ¡ya no queda materia! Los materialistas que apoyan su filosofía en la existencia de la materia ya no tienen pruebas. ¡La materia se ha desvanecido!"

Hay que decir que esta manera de argumentar tuvo cierto éxito, puesto que hasta algunos marxistas, y lo materialistas, han sentido vacilar sus convicciones. Pero es oscurecer el problema hablar de supresión de la materia cuando se aportan precisiones en lo tocante a su composición.

Lo que importa, lo necesario, es saber:

III. Qué es la materia para los materialistas

A este respecto, es indispensable hacer una distinción. Se trata de conocer:

1. *¿Qué es la materia?*

y después

2. ¿Cómo es la materia?

Los materialistas responden a la primera pregunta, que

la materia es una realidad exterior independiente del espíritu y que no necesita del espíritu para existir. Lenin dice a este respecto:

> La noción de materia no expresa otra cosa que la realidad objetiva que nos es dada en la sensación.

Ahora, con respecto a la segunda pregunta: «¿Cómo es la materia?», los materialistas contestan: "No nos toca responder a nosotros, sino a la ciencia".

La primera respuesta es invariable desde la antigüedad hasta nuestros días.

La segunda respuesta ha *variado* y *debe* variar porque depende de las ciencias, del estado de los conocimientos humanos. No es una respuesta definitiva.

Vemos que es absolutamente indispensable plantear bien el problema y no dejar que los idealistas mezclen las dos cuestiones. Hay que separarlas bien, mostrar que la primera es la principal y que nuestra respuesta a este respecto siempre es invariable.

> Porque la *única* «propiedad» de la materia con cuya admisión está ligado el materialismo filosófico es la de ser una *realidad objetiva,* de existir fuera de nuestra conciencia.

IV. El espacio, el tiempo, el movimiento y la materia

Si afirmamos, porque lo comprobamos, que la materia existe *fuera de nosotros,* precisamos también:

1º Que la materia existe en *el tiempo y en el espacio*
2º Que la materia está *en movimiento.*

A este respecto, los idealistas creen que el espacio y el tiempo son ideas que están en nuestro espíritu (Kant fue el primero en sostenerlo). Para ellos, el espacio es una forma *que damos* a las cosas, el espacio nace del espíritu del hombre. Y lo mismo piensan respecto al tiempo.

Los materialistas afirman, por el contrario, que el espacio no está en nosotros, sino que nosotros estamos en el espacio. Afirman también que el tiempo es una condición indispensable para el desarrollo de nuestra vida, y que, por consiguiente, la materia es lo que existe fuera del pensamiento en el tiempo y en el espacio.

> ...Las formas fundamentales de todo ser son el espacio y el tiempo, y un ser concebido fuera del tiempo es tan absurdo como lo sería un ser concebido fuera del espacio.

Creemos que hay una realidad independiente de la conciencia. Todos creemos que el mundo ha existido antes que nosotros y que continuará existiendo después que nosotros. Creemos que, para existir, el mundo no necesita de nosotros. Estamos convencidos de que París ha existido antes de nuestro nacimiento y que, a menos de que sea definitivamente barrido del suelo, existirá después de nuestra muerte. Estamos seguros de que París existe, aun cuando no pensemos en ello, así como hay decenas de miles de ciudades que jamás hemos visitado, cuyos nombres ni siquiera conocemos y que, sin embargo, existen. Tal es la convicción general de la humanidad. Las ciencias han permitido dar a este argumento una precisión y una solidez tal que reducen a la nada todas las triquiñuelas idealistas.

Las Ciencias Naturales afirman positivamente que la tierra existió en un estado tal que ni el hombre ni ningún otro ser viviente la habitaban ni podían habitarla. La *materia* orgánica es un fenómeno posterior, fruto de un desarrollo muy prolongado.

Las ciencias nos comprueban que la materia existe en el tiempo y en el espacio y, al mismo tiempo, que la materia está en movimiento. Esta última precisión que nos proporcionan las ciencias modernas es muy importante porque destruye la vieja teoría según la cual la materia sería incapaz de movimiento.

El movimiento es el modo de existencia de la materia. Jamás, ni en parte alguna ha existido ni puede existir materia sin movimiento.

Sabemos que el mundo en su estado actual es el resultado de una larga evolución, en todos los dominios, y por consiguiente, el resultado de un movimiento lento, pero continuo. Determinamos, pues, tras de haber demostrado la existencia de la materia, que:

> En el universo no hay más que materia en movimiento, y la materia en movimiento no puede moverse de otro modo que en el espacio y en el tiempo.

V. Conclusión

De estas comprobaciones resulta, que la idea de Dios, la idea del "puro espíritu" creador del universo es imposible, porque un Dios fuera del espacio y del tiempo es algo que no puede existir.

Hay que compartir la mística idealista; por consiguiente, no admitir ninguna comprobación científica, para creer en un Dios que existe fuera del tiempo, es decir, que no existe en ningún momento y que existe fuera del espacio, es decir, que no existe en ninguna parte.

Los materialistas, firmes en las conclusiones de las ciencias, aseguran que la materia existe en el espacio y en cierto momento (en el tiempo). Por consiguiente, el universo no ha podido crearse porque Dios habría necesitado, para poder crear el mundo, un momento que no ha sido en ningún momento (puesto que, para Dios, el tiempo no existe) y también habría sido necesario que el mundo surgiera de la nada.

Para aceptar la creación, hay que admitir, en primer lugar, que hubo un momento en que el universo no existía y después que de la nada ha surgido algo. Esto la ciencia no puede admitirlo.

Vemos que los argumentos idealistas confrontados con las ciencias no pueden sostenerse; mientras que los defendidos por los filósofos materialistas no pueden separarse de las ciencias.

Subrayamos así, una vez más, las ultimas relaciones que hay entre el materialismo y las ciencias.

Capítulo II: ¿Qué significa ser materialista?

I. Unión de la teoría y de la práctica

El estudio que realizamos tiene como propósito saber qué es el marxismo, de comprender cómo la filosofía del materialismo al hacerse dialéctica se identifica con el marxismo. Ya sabemos que uno de los fundamentos de esta filosofía es la vinculación estrecha entre la teoría y la práctica. Por eso creemos que es útil señalar que, prosiguiendo estos estudios en forma sucesiva, aplicamos el método de investigación que es la dialéctica.

Después de haber verificado qué es la materia para los materialistas, luego cómo es la materia, es indispensable a continuación de esas dos cuestiones teóricas, investigar qué significa ser materialista, es decir, cuál es la razón del materialismo. Es el lado práctico de estos problemas.

La base del materialismo es el reconocimiento del ser como creador del pensamiento. Pero no basta con repetirlo continuamente para ser un verdadero partidario del materialismo consecuente; hay que serlo: 1) en el dominio del pensamiento; 2) en el dominio de la acción.

II. ¿Qué significa ser partidario del materialismo en el dominio del pensamiento?

Ser partidario del materialismo en el terreno del pensamiento es, conociendo la fórmula fundamental del materialismo —el ser produce el pensamiento—, saber cómo se puede aplicar esta fórmula.

Cuando se dice: el ser produce el pensamiento, tenemos una fórmula abstracta, porque las palabras ser y pensamiento, son palabras abstractas. Cuando se dice el "ser", se trata del ser en general; cuando se dice el "pensamiento", se quiere hablar del pensamiento en general. El ser, así como el pensamiento en general, es una realidad subjetiva (ver primera parte, capítulo IV la explicación de realidad subjetiva y de realidad objetiva); esto no existe, es lo que se llama una abstracción. Decir: el "ser produce el pensamiento" es una fórmula abstracta, porque está compuesta por abstracciones.

Así, por ejemplo: conocemos muy bien los caballos, pero si hablamos del caballo, queremos hablar del caballo en general; y bien, el caballo en general es una abstracción.

Si en lugar del caballo ponemos al hombre o al ser en general, también se trata de abstracciones.

Pero si el caballo en general no existe, ¿qué existe? los caballos en particular. El veterinario que dijera "cuido el caballo en general, pero no el caballo en particular", sería motivo de risa; lo mismo que el médico que se expresara de ese modo con respecto a los hombres.

Por consiguiente el ser en general no existe, sino que existen seres particulares que tienen cualidades particulares. Ocurre lo mismo en lo que toca al pensamiento.

Diremos, por lo tanto, que el ser en general es algo *abstracto* y que el ser en particular es algo *concreto;* así como respecto al pensamiento en general y al pensamiento en particular.

El materialista es el que sabe reconocer en todas las situaciones, el que sabe concretar dónde está el ser y donde está el pensamiento.

Ejemplo: el cerebro y nuestras ideas.

Hay que saber aplicar la fórmula general abstracta en una fórmula concreta. El materialista identificará, pues, el cerebro, como ser, y nuestras ideas como el pensamiento. Razonará diciendo: el cerebro (el ser) es el que produce nuestras ideas (el pensamiento). Este es un ejemplo simple, pero tomemos la sociedad humana y veamos cómo razonará un materialista.

La vida de la sociedad está compuesta (a grandes rasgos) de una vida económica y de una vida política. ¿Cuáles son las relaciones entre la vida económica y la vida política...? ¿cuál es el factor primero de esta fórmula abstracta con la que queremos hacer una fórmula concreta?

Para el materialista, el factor primero, es decir, el ser, el que da vida a la sociedad es la vida económica. El factor segundo es el pensamiento, que es creado por el ser, que sólo por él puede vivir, es la vida política.

El materialista dirá, por tanto, que la vida económica *explica* la vida política y que, por consiguiente, la vida política es un producto de la vida económica.

Esta comprobación hecha aquí someramente es lo que se llama el *materialismo histórico* y que fue elaborada por primera vez, por Marx y Engels.

He aquí un ejemplo más complicado: el poeta. Es cierto que numerosos elementos hay que tomar en cuenta para "explicar" al poeta, pero queremos mostrar aquí un aspecto de esta cuestión.

Se dice generalmente que el poeta escribe porque es

impulsado por la inspiración. ¿Basta para explicar que el poeta prefiere escribir esto y no aquello? No. Es verdad que el poeta tiene pensamientos en su cabeza, pero también es un ser que vive en la sociedad. Veremos que el factor primero, el que da su vida propia al poeta, es la sociedad puesto que el factor segundo son las ideas que el poeta tiene en su cerebro. Por consiguiente, uno de los elementos, el elemento fundamental, que "explica" al poeta, será la sociedad, es decir, el medio donde él vive en esa sociedad. (Volveremos al "poeta" cuando estudiemos la dialéctica porque entonces tendremos todos los elementos para estudiar bien este problema).

Vemos, por esos ejemplos, que el materialista es el que sabe aplicar en todas partes y siempre en cada instante, y en todos los casos, la fórmula del materialismo. Obrar así es la única manera de ser consecuente.

III. ¿Cómo ser materialista en la práctica?

1. *Primer aspecto de la cuestión*

Hemos visto que no hay tercera filosofía y que no ser consecuente en la aplicación del materialismo o bien se es idealista, o bien se obtiene una mezcla de idealismo y de materialismo.

El sabio burgués en sus estudios y en sus experiencias es siempre materialista. Para hacer avanzar las ciencias hay que trabajar con la materia, y si se piensa verdaderamente que la materia no existe más que en nuestro espíritu, se consideraría inútil hacer experiencias.

Por tanto, hay muchas variedades de sabios:

1. Los sabios que son materialistas conscientes y consecuentes, como los que existen en la URSS y otros países socialistas o capitalistas.

2. Los sabios que son materialistas sin saberlo: es decir, casi todos, porque es imposible hacer ciencia sin plantear la existencia de la materia; pero entre estos últimos hay que distinguir:

a) A los que comienzan por seguir el materialismo, pero se detienen, porque no se atreven a llamarse como tales: son los agnósticos, los que Engels llama "materialistas vergonzantes".

b) Después, los sabios materialistas sin saberlo e inconsecuentes. Son materialistas en el laboratorio, pero fuera de su trabajo son idealistas, creyentes, religiosos.

De hecho, estos últimos son los que no han sabido o no han querido poner orden en sus ideas. Están en perpetua contradicción con ellos mismos. Separan sus trabajos materialistas de sus concepciones filosóficas. Son "sabios" y, sin embargo, si no niegan expresamente la existencia de la materia, creen, lo que es poco científico, que es inútil conocer la naturaleza real de las cosas. Son "sabios" y, sin embargo, sin ninguna prueba, creen en cosas imposibles. (Ver el caso de Pasteur, de Branly y de otros que eran creyentes, mientras que el sabio, si es consecuente, debe abandonar su creencia religiosa). Ciencia y religión se oponen absolutamente.

2. *Segundo aspecto de la cuestión*

El materialismo y la acción: Si es cierto que el verdadero materialista es el que aplica la fórmula en la que se basa esa filosofía en todas partes y en todos los casos, debe prestar atención para aplicarla bien.

Como acabamos de verlo, hay que ser consecuente, y para ser materialista consecuente, hay que llevar el materialismo a la acción.

Ser materialista en la práctica es obrar conforme esa filosofía tomando como factor primero y más importante, *la realidad*, y como factor secundario, el *pensamiento.*

Vamos a ver qué actitudes toman los que, sin saberlo, toman como factor primero el pensamiento y son, en ese momento, idealistas sin saberlo.

1. ¿Cómo se llama al que vive como si estuviera solo en el mundo? *Individualista.* Vive replegado en sí mismo, el mundo exterior no existe más que para él solo. Para él, lo importante es él, es su pensamiento, es un puro idealista o lo que se llama un solipsista. (Ver explicación de esta palabra, primera parte, capítulo II).

El individualista es *egoísta y* ser egoísta no es una actitud materialista. El egoísta toma el mundo para él y limita el mundo a sí mismo.

2. El que aprende por el *placer de aprender,* como aficionado, para él mismo; asimila bien, no tiene dificultades, pero lo guarda por él solo. Concede una importancia primordial a sí mismo, a su pensamiento. El idealista se cierra ante el mundo exterior, ante la realidad. El materialista está siempre *abierto* a la realidad; por eso los que aprenden fácilmente y siguen cursos de marxismo deben tratar de *transmitir* lo que han aprendido.

3. El que razona sobre todas las cosas *con relación a él* sufre una deformación idealista. Dirá, por ejemplo, de una reunión en la que han dicho cosas desagradables para él: "es una mala reunión" No es así como se deben analizar las cosas, hay que juzgar la reunión con relación a la organización, a su finalidad, y no con relación a uno mismo.

4. *El sectarismo* tampoco es una actitud materialista. Como el sectario ha comprendido los problemas, y además está de acuerdo consigo mismo, pretende que los otros sean como él. Es dar de nuevo una importancia primordial a sí mismo o a una secta.

5. El *doctrinario* que ha estudiado los textos y ha extraído sus definiciones, también es un idealista cuando se contenta con citar los textos materialistas, que vive sólo con sus textos, sin tomar en cuenta el mundo real. Repite fórmulas sin aplicarlas a la realidad. Da primordial importancia a los textos, a las ideas. La vida se desarrolla en su conciencia en forma de textos y, en general, se comprueba que el doctrinario también es un sectario.

Creer que la revolución es una cuestión de pensamiento, decir que explicando "de una vez por todas" a los obreros la necesidad de la revolución, deben comprender y que si no quieren comprender no vale la pena tratar de hacer la revolución, es un sectarismo y no una actitud materialista.

Debemos *comprobar* los casos en que la gente no comprenda; *averiguar* por qué es así, comprobar la represión, la propaganda de los diarios burgueses, de la radio, del cine, etc., y tratar por todos los medios posibles de hacer comprender lo que queremos, por medio de folletos, diarios, escuelas, etc.

No tener el sentido de las realidades, vivir en la luna y, prácticamente, hacer proyectos sin tener en cuenta las situaciones, las realidades, es una actitud idealista que da una importancia primordial a los bellos proyectos sin ver si son realizables o no. Los que critican continuamente pero que no hacen nada mejor, no proponen ningún remedio, los que carecen de sentido crítico hacia ellos mismos, todos éstos son materialistas inconsecuentes.

IV. Conclusión

Mediante estos ejemplos, vemos que los defectos que se pueden comprobar más o menos en cada uno de nosotros son defectos idealistas. Los tenemos porque separamos la práctica de la teoría y la burguesía prefiere que no demos importancia a la realidad. Para ella, que sostiene el idealismo, la teoría y la práctica son dos cosas completamente diferentes y sin relación. Estos defectos son perjudiciales y debemos combatirlos, porque benefician, al fin de cuentas, a la burguesía. Ahora bien, debemos comprobar que esos defectos, engendrados en nosotros por la sociedad, por las bases teóricas de nuestra educación, de nuestra cultura, arraigados en nuestra infancia, son obra de la burguesía, y debemos desembarazarnos de ellos.

Capítulo III: Historia del materialismo

Hasta aquí hemos estudiado lo que es el materialismo en general y cuáles son las ideas comunes de *todos* los materialistas. Vamos a ver cómo ha evolucionado desde la antigüedad para llegar al materialismo moderno. En resumen: vamos a seguir rápidamente la historia del materialismo.

No tenemos la pretensión de explicar en pocas páginas los 2000 años de la historia del materialismo. Simplemente queremos dar indicaciones generales que guíen las lecturas.

Para estudiar bien, aunque someramente, esta historia, es indispensable ver en cada instante *por qué* se han desarrollado así las cosas. Sería mejor no citar algunos nombres históricos antes que no aplicar este método. Pero, sin querer atiborrar el cerebro de nuestros lectores creemos necesario nombrar en orden histórico los principales filósofos materialistas conocidos por ellos.

Por eso, para simplificar el trabajo, vamos a consagrar estas páginas al aspecto puramente histórico, y en la segunda parte de este capítulo veremos porqué la evolución del materialismo ha tenido que experimentar esta forma de desarrollo.

I. Necesidad de estudiar esta historia

A la burguesía no le place la historia del materialismo. Y por eso esta historia enseñada en los libros burgueses es incompleta y siempre falsa. Se emplean diversos procedimientos de falsificación.

1. No pudiendo ignorar a los grandes pensadores materialistas, se les nombra hablando de todo lo que han escrito, *salvo* de sus estudios materialistas, y se olvida decir que son filósofos materialistas.

Hay muchos casos de *olvido* en el transcurso de la historia, y citaremos como ejemplo a Diderot, que fue el pensador materialista más grande antes de Marx y Engels.

2. Veremos en el transcurso de la historia a numerosos pensadores materialistas sin saberlo o inconsecuentes. Es decir, aquellos que en algunos de sus escritos eran materialistas, pero, en otros, idealistas: Descartes, por ejemplo.

La historia escrita por la burguesía deja en la sombra todo cuanto esos pensadores han escrito, que no sólo ha influido en el materialismo, sino que ha dado nacimiento a toda una corriente de esta filosofía.

3. Además, si estos dos procedimientos de falsificación no lograran disfrazar a ciertos autores, se les escamotea pura y simplemente.

Así se enseña la historia de la literatura y de la filosofía del siglo XVIII "ignorando" a Holbach y a Helvetius, que fueron grandes pensadores de esta época.

¿Por qué? Porque la historia del materialismo es particularmente instructiva para conocer y comprender los problemas del mundo; y también porque el desarrollo del materialismo es funesto para las ideologías que sostienen los privilegios de las clases dirigentes.

Estas son las razones para las cuales la burguesía presenta el materialismo como una doctrina que no ha cambiado, estancada desde hace siglos, cuando, por el contrario, el materialismo fue algo vivo y siempre en movimiento.

Pero, al igual que el idealismo, el materialismo recorre una serie de fases en su desarrollo. Cada descubrimiento trascendental, operado incluso en el campo de las Ciencias Naturales, le obliga a cambiar de forma; y desde que el método materialista se aplica también a la historia se abre ante él un camino nuevo de desarrollo.

Así comprendemos mejor la necesidad de estudiar, aunque someramente, esta historia del materialismo. Para hacerlo, debemos distinguir dos períodos: 1. del origen (antigüedad griega) hasta Marx y Engels; 2. del materialismo de Marx y Engels a nuestros días. (Estudiaremos esta segunda parte con el materialismo dialéctico).

Llamaremos al primer período "materialismo pre-marxista" y al segundo, "materialismo marxista" o "materialismo dialéctico".

II. El materialismo premarxista

1. *La antigüedad griega*

Recordemos que el materialismo es una doctrina que estuvo siempre vinculada a las ciencias, que ha evolucionado y progresado con las ciencias. Cuando en la antigüedad griega, en los siglos VI y V antes de nuestra era, las ciencias comienzan a manifestarse con los físicos, se forma ese momento una corriente materialista que atrae a los mejores pensadores y filósofos de esa época. (Tales, Anaxímenes, Heráclito). Estos primeros filósofos serán, como dijo Engels, "naturalmente dialécticos". Los impresiona el hecho de que en todas partes se encuentra el movimiento, el cambio, y que las cosas no están aisladas, sino íntimamente vinculadas unas a otras...

Heráclito, a quien se llama "el padre de la dialéctica", decía:

> Nada esta inmóvil, todo fluye; jamás nos bañamos dos veces en el mismo río, porque éste nunca es en dos instantes sucesivos el mismo; de un instante al otro ha cambiado, se ha transformado en otro.

Es el primero en tratar de explicar el movimiento, el cambio y ve en la contradicción las razones de la evolución de las cosas.

Las concepciones de estos primeros filósofos eran exactas sin embargo, se abandonaron porque cometían el error de formularse a *priori,* es decir, que el estado de las ciencias en esa época no permitía probar lo que aquéllas anticipaban.

Sólo mucho más tarde, en el siglo XIX, se realizarán las condiciones que permitirán a las ciencias probar la exactitud de la dialéctica.

Otros pensadores griegos han tenido concepciones materialistas: Leucipo (siglo V antes de nuestra era), que fue el maestro de Demócrito, ya había discutido ese problema de los átomos, cuya teoría hemos visto que fue establecida por este último.

Epicuro (341-270 antes de nuestra era), discípulo de Demócrito, fue completamente tergiversado por la historia burguesa, que lo presenta como un vulgar "cerdo filósofo", porque ser epicúreo, para la historia, es ser un sensual, mientras que, por el contrario, en la vida era un asceta. Esta mala reputación se debe al hecho de que era materialista.

Lucrecio (siglo I antes de nuestra era), discípulo de Epicuro ha compuesto un largo poema sobre la Naturaleza. Ha escrito que la humanidad es desdichada porque la religión ha enseñado a los hombres que después de la muerte el alma vivía y que podía sufrir eternamente. Luego, es este miedo lo que impide a los hombres ser felices sobre la Tierra. Hay que quitarles este terror, y la única teoría capaz de lograrlo es el materialismo epicúreo.

Estos filósofos tenían conciencia de que esa teoría estaba vinculada a la suerte de la humanidad, y ya vemos, por parte de ellos, una oposición a la teoría oficial: oposición entre el idealismo y el materialismo.

Pero un gran pensador domina la Grecia antigua, es Aristóteles, un filósofo idealista. Su influencia fue considerable. Por eso debemos citarlo muy particularmente. Ha hecho el inventario de los conocimientos humanos de esa época, ha llenado las lagunas creadas por las ciencias nuevas. Era un espíritu universal y ha escrito numerosos libros sobre todos los temas. A causa de la universalidad de su saber, de su dogmatismo, ha tenido una influencia considerable sobre las concepciones filosóficas hasta fines de la Edad Media, es decir, en el transcurso de veinte siglos.

Durante todo este período, se ha seguido la tradición antigua y no se pensaba más que por Aristóteles.

Se desencadenaba una represión salvaje contra los que pensaban de otro modo. A pesar de todo, a fines de la Edad Media se entabló una lucha entre los idealistas que negaban la materia y los que pensaban que, a pesar de todo, existía una realidad material.

En los siglos XI y XII, se puede seguir esta disputa a la vez en Francia y, sobre todo, en Inglaterra.

Después, el materialismo se desarrolla principalmente en este último país. Marx dice:

> El materialismo es un hijo *innato de la Gran Bretaña.*

Un poco más tarde, será en Francia donde se desarrollará el materialismo. En todo caso, vemos que en los siglos XV y XVI, se manifiestan dos corrientes: una, el materialismo inglés, otra, el materialismo francés, cuya reunión contribuirá a hacer avanzar la historia del materialismo en el siglo XVIII.

2. *El materialismo inglés*

El verdadero patriarca del *materialismo inglés* y de toda la ciencia *experimental moderna* es *Bacon.* La ciencia de la naturaleza es, para él, la verdadera ciencia, y la *física* sensorial la parte más importante de la ciencia de la naturaleza.

Bacon es célebre como fundador del método experimental en el estudio de las ciencias. Lo importante para él es estudiar la ciencia en el "gran libro de la naturaleza", y esto es particularmente interesante en una época en que se estudia la ciencia en los libros que Aristóteles había dejado unos cuantos siglos antes.

Para estudiar la física, por ejemplo, he aquí cómo se procedía: se tomaban los pasajes escritos por Aristóteles sobre cierto tema, después se tomaban los libros de Santo Tomás de Aquino, que era un gran teólogo, y se leía lo que este último había escrito sobre el pasaje de Aristóteles. El profesor no hacía ningún comentario personal, decía aún menos de lo que pensaba, pero se remitía a una tercera obra que repetía a Aristóteles y a Santo Tomás. Tal era la ciencia de la Edad Media, que se llamaba la escolástica: era una ciencia *libresca,* porque sólo se estudiaba en los libros.

Bacon reacciona contra esta escolástica cuando quiere estudiar en el "gran libro de la naturaleza".

En esa época se planteaba una cuestión:

¿De dónde proceden las ideas? ¿De dónde nuestros conocimientos? Cada uno de nosotros tiene ideas, la idea de las casas, por ejemplo. Esta idea la tenemos porque hay casas, dicen los materialistas. Los idealistas creen que Dios es el que nos da la idea de las casas. Bacon decía que la idea existía porque se veían o tocaban las cosas, pero aun no podía demostrarlo.

Fue Locke (1632-1704) el que se empeñó en señalar que las ideas provienen de la experiencia. Demostró que todas las ideas proceden precisamente de la experiencia y que sólo la experiencia nos da las ideas El hombre ha tenido la idea de la primera mesa antes que ésta existiera, porque, por la experiencia, se servía de un tronco de árbol o de una piedra como mesa.

Con las ideas de Locke, el materialismo inglés llega a Francia en la primera mitad del siglo XIII, porque mientras esta filosofía se desarrollaba de manera particular en Inglaterra, se había formado en aquel país una corriente materialista.

3. *El materialismo en Francia*

Se puede situar a partir de Descartes (1596-1650) el nacimiento en Francia de una corriente netamente materialista Descartes ha tenido una gran influencia en esta filosofía pero, en general, no se habla de ello.

En esa época, en que estaba muy viva, hasta en las ciencias, la ideología feudal, en que se estudiaba de la forma que ya hemos visto. Descartes entra en lucha contra ese estado de hecho.

La ideología feudal es ese razonamiento que pretende que haya dos clases de gente: los nobles y los que no lo son. Los nobles tienen todos los derechos, los otros ninguno. Se aplicaba este mismo razonamiento a las ciencias, es decir, que sólo los que, por su nacimiento, gozaban de una posición privilegiada, tenían el derecho de ocuparse de las ciencias. ¡Ellos eran los únicos capaces de comprender esos problemas!

Descartes luchó contra tal razonamiento y dijo al respecto: "el buen sentido es la cosa más compartida en el mundo", y, por consiguiente, todo el mundo, ante las ciencias, tiene los mismos derechos. También hizo una buena crítica de la medicina de su tiempo. *(El enfermo imagi*nario, de Moliére, es un eco de las críticas de Descartes. Quiere hacer una ciencia que sea una ciencia verdadera, basada en el estudio de la naturaleza y rechazando la enseñada hasta entonces, en la que Aristóteles y Santo Tomás eran los únicos "argumentos".

Descartes vivía a comienzos del siglo XVII; en el siglo siguiente estallaría la revolución y, por eso, se puede decir que él surge de un mundo que va a desaparecer para entrar en un mundo nuevo que va a nacer. Esta posición hace que Descartes sea un conciliador; quiere crear una ciencia materialista y, al mismo tiempo, es idealista porque quiere salvar la religión.

Cuando en su época se preguntaba: ¿por qué hay animales que viven?, se daban las respuestas de la teología: porque hay un principio que los hace vivir. Descartes, por el contrario, sostenía que si los animales viven, es porque son materia. Creía, por otra parte, y lo afirmaba, que los animales no son más que máquinas de carne y músculos como las otras máquinas son de hierro y de madera. Hasta suponía que unos y otros no tenían sensaciones, y cuando en la abadía de Port Royal, durante las semanas de estudio los hombres que seguían su filosofía pinchaban a unos perros decían. ¡"Qué armoniosa es la naturaleza! se diría los que sufren..."

Para Descartes materialista, los animales eran máquinas. Pero el hombre es diferente porque tiene alma, dice Descartes idealista.

De las ideas desarrolladas y sostenidas por Descartes nacerán, por una parte, una corriente filosófica netamente materialista y, por otra parte, una corriente idealista.

Entre los que continúan la rama cartesiana materialista, tendremos el nombre de La Mettrie (1709-1751).

La tesis del animal-máquina puede extenderse, para él, al hombre. ¿Por qué no sería éste una máquina?... Y para explicar el alma humana, la ve también como una mecánica donde las ideas serían movimientos mecánicos.

En esta época penetra en Francia el materialismo inglés con las ideas de Locke. De la unión de estas dos corrientes surgirá un materialismo más evolucionado. Será:

4. *El materialismo del siglo XVIII*

Es el materialismo sostenido por los filósofos que también fueron luchadores y escritores admirables criticando continuamente las instituciones sociales y la religión, aplicando la teoría a la práctica y siempre en lucha contra el poder, a veces encerrados en La Bastilla

Son ellos los que reunieron sus trabajos en la gran *Enciclopedia* donde se fija la nueva orientación del materialismo. Por otra parte, tuvieron una gran influencia puesto que esta filosofía era, como lo dijo Engels, "la convicción de toda la juventud culta".

En la historia de la filosofía en Francia, ésta fue la única época en que una filosofía con un carácter francés se hizo verdaderamente popular.

Diderot, nacido en Langres en 1713, muerto en París en 1784, domina todo ese movimiento. Lo que la historia burguesa no dice es que fue antes de Marx y de Engels, el pensador materialista más grande. Diderot —dice Lenin— llega casi hasta los puntos de vista del materialismo contemporáneo (dialéctica).

Fue un verdadero militante siempre en lucha contra la Iglesia, contra el estado social, conoció los calabozos. La historia escrita por la burguesía le ha escamoteado mucho.

Hay que leer *Las Pláticas de Diderot y de d'Alembert, El sobrino de Rameu, Jacques el fatalista,* para comprender la influencia enorme de Diderot sobre el materialismo.

En el transcurso del siglo XIX, durante su primera mitad, comprobamos un retroceso del materialismo a causa de los acontecimientos históricos. La burguesía de todos los países hizo una gran propaganda en favor del idealismo y de la religión.

Entonces vemos a Feuerbach, en Alemania, afirmando sus convicciones materialistas entre todos los filósofos idealistas y pulverizó de golpe la contradicción, restaurando de nuevo en el trono, sin más ambages, al materialismo.

No es que aporte algo nuevo al materialismo, pero vuelve de una manera sana y actual a las bases del materialismo que se habían olvidado y ejerce así su influencia sobre los filósofos de su época.

Llegamos a ese período del siglo XIX en que se comprueba un progreso enorme en las ciencias, en particular con los tres grandes descubrimientos: la célula, la transformación de la energía, la evolución (de Darwin), que permitirán a Marx y a Engels, influidos por Feuerbach, hacer revolucionar el materialismo para darnos el materialismo moderno o dialéctico.

Hemos visto, en una forma completamente somera, la historia del materialismo anterior a Marx y Engels. Y que en numerosos puntos comunes estaban de acuerdo con los materialistas que les precedieron, también señalaron que la obra de éstos presentaba numerosas deficiencias y omisiones.

Para comprender las modificaciones hechas por ellos al materialismo premarxista, es necesario investigar cuáles fueron esos defectos y lagunas y por qué se produjeron.

Dicho de otro modo, el estudio de la historia del materialismo sería incompleto si después de haber enumerado los diferentes pensadores que han contribuido a su progreso, no tratáramos de saber cómo y en qué sentido se ha efectuado ese progreso y por qué ha experimentado tal o cual forma de evolución.

Nos interesaremos particularmente por el materialismo del siglo XVIII, porque en él concurrieron las diferentes corrientes de esa filosofía.

Por consiguiente, vamos a estudiar cuáles eran los errores de ese materialismo y cuáles sus lagunas; pero como no debemos considerar las cosas de una manera unilateral, sino por el contrario en su conjunto, indicaremos también cuáles han sido sus méritos.

El materialismo —dialéctico en sus comienzos— no podía desarrollarse sobre esas bases. El razonamiento dialéctico, debido a la insuficiencia de los conocimientos científicos, ha tenido que ser abandonado. Había que crear y desarrollar las ciencias.

Había que investigar las cosas antes de poder investigar los procesos. La unión íntima del materialismo y la ciencia es lo que permitirá a esta filosofía volver a ser sobre bases más sólidas, rigurosamente científicas, el materialismo dialéctico, el de Marx y Engels. Encontramos nuevamente el materialismo al lado de la ciencia. Pero si bien es cierto que siempre sabemos descubrir de dónde procede el materialismo, así también debemos saber encontrar de dónde procede el idealismo.

III. ¿De dónde procede el idealismo?

Si en el transcurso de su historia el idealismo ha podido existir junto a la religión, es porque ha nacido y procede de ella.

Lenin dice a este respecto que debemos estudiar: "El idealismo no es nada más que una forma armada y refinada de la religión". ¿Qué quiere decir esto? Que el idealismo sabe presentar sus concepciones con mucha mas flexibilidad que la religión. Pretender que el universo ha sido creado por un espíritu que flotaba por encima de las tinieblas, que Dios es inmaterial, y después de hacerlo hablar, hablarnos de su cuerpo, es presentar torpemente una serie de ideas. Afirmando que el mundo no existe más que en nuestro pensamiento, en nuestro espíritu, el idealismo se presenta de un modo más oculto. En el fondo —lo sabemos—, es lo mismo, pero de manera menos brutal, más sutil. Por eso el idealismo es una forma refinada de la religión.

También es refinada porque los filósofos idealistas saben, en sus discusiones, prever las cuestiones, saben tender sus trampas, como Fylonus o el pobre Hylas en los diálogos de Berkeley.

Pero decir que el idealismo procede de la religión es sólo esquivar el problema, y nosotros debemos preguntarnos:

IV. ¿De dónde procede la religión?

Engels nos ha dado a este respecto una respuesta muy clara: *"La religión nace de las concepciones limitadas del hombre"*.

En los primeros hombres esta ignorancia era doble. Ignorancia de la naturaleza, ignorancia de ellos mismos. Hay que pensar constantemente en esta doble ignorancia cuando se estudia la historia de los hombres primitivos.

Esta ignorancia nos parece infantil cuando consideramos la antigüedad griega como una civilización avanzada: Aristóteles creía que la Tierra estaba inmóvil, que el centro del mundo y que alrededor de la Tierra giraban los planetas. Estos últimos, que calculaba en número de 64, estaban fijos como clavos en un techo, y el conjunto eran los que giraba alrededor de la Tierra.

Los griegos también creían en la existencia de cuatro elementos: el agua, la tierra, el aire y el fuego, y que no era posible descomponerlos. Sabemos que todo eso es falso, que ahora descomponemos el agua, la tierra y el aire y que no consideramos al fuego como un cuerpo de la misma clase.

También eran ignorantes respecto al hombre mismo, puesto que no conocían la función de nuestros órganos y atribuían al cerebro, por ejemplo, una función en la digestión.

Si era tan grande la ignorancia de los sabios griegos, a quienes consideramos ya como muy avanzados ¿cuál no debía ser, entonces, la de los hombres que vivieron millones de años antes que ellos? Las concepciones que los hombres primitivos tenían de la naturaleza y de ellos mismos están limitada por la ignorancia. Pero a pesar de todo tratan de explicar las cosas. Todos los documentos que poseemos sobre hombres primitivos nos dicen que estos hombres estaban muy preocupados por los sueños. En el primer capítulo hemos visto cómo resolvieron esta cuestión mediante la convicción de la existencia de un "doble" del hombre. Al principio atribuían a ese "doble" una especie de cuerpo transparente, ligero y, sin embargo, con una consistencia material. Sólo mucho más tarde nacerá en su espíritu la concepción de que el hombre tiene en sí un *principio inmaterial* que le sobrevive después de la muerte, un principio *espiritual* (la palabra viene de *espíritu* que en latín quiere decir soplo, el soplo que se va con el último suspiro en el momento en que se entrega el alma y en el que sólo subsiste el "doble"). Entonces, el alma explica el pensamiento, el sueño.

En la Edad Media se tenían concepciones por demás raras acerca del alma. Se creía que en un cuerpo grueso había un alma delgada, y en un cuerpo delgado, un alma grande; por eso, en esa época, los ascetas hacían largos y numerosos ayunos para tener un alma grande, para dar al alma un alojamiento más amplio.

Después de haber admitido bajo la forma del "doble" transparente, luego bajo la forma del alma, principio espiritual, la supervivencia del hombre después de la muerte, los hombres primitivos crearon los dioses.

Creyendo al principio en seres más poderosos que los hombres y que existían en una forma material, fueron llegando insensiblemente a creer en dioses que existían, en forma de un alma superior a la nuestra. Y es así como, después de haber creado una multitud de dioses cada uno de los cuales tenía una función definida, como en la antigüedad griega, alcanzaron la concepción de un solo Dios. Entonces se creó la religión monoteísta. Así vemos muy bien que en el origen de la religión, aun en su forma actual, estuvo presente la ignorancia.

Así es como el idealismo nació de las concepciones limitadas del hombre, de su ignorancia; mientras que el materialismo, por el contrario, nació de la desaparición de esos límites.

Veremos, en el transcurso de la historia de la filosofía, esta lucha continua entre el idealismo y el materialismo. Este quiere retroceder, replegar los límites de la ignorancia, lo cual será una de sus glorias y uno de sus méritos.

V. Méritos del materialismo

Hemos visto nacer el materialismo en la antigüedad griega porque existe en esa época un embrión de la ciencia. Siguiendo el principio de que, ahí donde está la ciencia, el materialismo se desarrolla, comprobamos en el transcurso de la historia:

1. En la Edad Media, como consecuencia del débil desarrollo de las ciencias, estancamiento del materialismo.

2. En los siglos XVII y XVIII, a un gran desarrollo de las ciencias corresponde un gran desarrollo del materialismo. El materialismo francés del siglo XVIII es la consecuencia directa del desarrollo de las ciencias.

3. En el siglo XIX, comprobamos numerosos y grandes descubrimientos y el materialismo experimenta una gran transformación con Marx y Engels.

4. Hoy las ciencias progresan enormemente y, al mismo tiempo, el materialismo. Se ve a los mejores sabios aplicar en sus obras el materialismo dialéctico.

Por tanto, el idealismo y el materialismo tienen orígenes completamente opuestos; y comprobamos en el transcurso de los siglos, una lucha entre estas dos filosofías, lucha que dura todavía en nuestros días, y que no es sólo académica.

Esta lucha que atraviesa la historia de la humanidad, es la lucha entre la ciencia y la ignorancia, es la lucha entre dos corrientes. Una lleva a la humanidad hacia la ignorancia y la mantiene en esa ignorancia; la otra, por el contrario, tiende a la liberación de los hombres, reemplazando la ignorancia por la ciencia.

Esta lucha ha tomado a veces formas graves como en tiempos de la Inquisición, en los que podemos tomar, entre otros, el ejemplo de Galileo, quien afirma que la Tierra gira. Este es un conocimiento nuevo que está en contradicción con la Biblia y también con Aristóteles: si la Tierra gira, no es el centro del mundo, sino simplemente un punto en el mundo, y entonces hay que extender los límites de nuestros pensamientos. ¿Qué se hace, entonces, ante este descubrimiento de Galileo?

Para mantener la humanidad en la ignorancia, se instruye un tribunal religioso y se condena a Galileo a la tortura y a retractarse. He aquí un ejemplo de la lucha entre la ignorancia y la ciencia.

Debemos juzgar a los filósofos y a los sabios de esta época colocándolos en esa lucha de la ignorancia contra la ciencia, y comprobaremos que, defendiendo la ciencia, defienden el materialismo aun sin saberlo. Así Descartes, con sus razonamientos, ha proporcionado ideas que han hecho progresar el materialismo.

Hay que ver también que esta lucha en el transcurso de la historia no es simplemente una lucha teórica, sino una lucha social y política. Las clases dominantes están siempre en esta batalla del lado de la ignorancia. La ciencia es revolucionaria y contribuye a la liberación de la humanidad.

El caso de la burguesía es típico. En el siglo XVIII, la burguesía está dominada por la clase feudal; en ese momento está en favor de las ciencias; *conduce* la lucha contra la ignorancia y nos da la *Enciclopedia.* En el siglo XX, la burguesía es la clase dominante, y en esta lucha entre la ignorancia y la ciencia, *está por la ignorancia* con un apasionamiento mucho más salvaje que antes (ved el hitlerismo).

Así es como el materialismo premarxista ha desempeñado un papel considerable y ha tenido una importancia histórica muy grande. En el transcurso de esta lucha entre la ignorancia y la ciencia ha sabido desarrollar una concepción general del mundo que ha podido oponerse a la religión, vale decir, a la ignorancia. Gracias también a la evolución del materialismo, a esta sucesión de trabajos que se han realizado las condiciones indispensables para el nacimiento del materialismo dialéctico.

VI. Los defectos del materialismo premarxista

Para comprender la evolución del materialismo, para ver bien estos defectos y estas lagunas, no hay que olvidar nunca la vinculación entre ciencia y materialismo.

Al principio, el materialismo superaba el desarrollo de las ciencias; por eso esta filosofía no pudo afirmarse de golpe. Había que crear y desarrollar las ciencias para probar que el materialismo dialéctico tenía razón, pero esto ha exigido más de veinte siglos. Durante tan largo período el materialismo ha experimentado la influencia de las ciencias y particularmente la influencia del espíritu de las ciencias; así como la de las ciencias particulares más desarrolladas. Por eso:

> El materialismo del siglo pasado, era predominantemente mecánico porque por aquel entonces la mecáni-

ca, y además sólo la de los cuerpos sólidos —celestes y terrestres—, en una palabra, la mecánica de la gravedad, era, de todas las ciencias naturales la única que había llegado en cierto modo a un punto de remate. La química sólo existía bajo una forma incipiente, flogística la biología estaba todavía en mantillas; los organismos vegetales y animales sólo se habían investigado muy a bulto y se explicaban por medio de causas puramente mecánicas, para los materialistas del siglo XVIII, el hombre era lo que para Descartes el animal: una máquina.

He aquí qué era el materialismo surgido de una larga y lenta evolución de las ciencias después del período "invernal de la Edad Media cristiana".

Gran error ha sido, en este período, considerar el mundo como una gran mecánica, juzgando todo según las leyes de esta ciencia. Considerando la evolución como un simple movimiento mecánico, se estimaba que los mismos acontecimientos debían producirse continuamente. Se veía el aspecto máquina de las cosas, pero se veía el lado vivo. Por eso se llama *mecánico* a este materialismo.

Un ejemplo: ¿cómo explican el pensamiento? De este modo: "el cerebro segrega el pensamiento como el hígado segrega la bilis". El materialismo de Marx, por el contrario, *da* toda serie de precisiones. Nuestros pensamientos no provienen sólo del cerebro. Hay que ver por qué tenemos ciertos pensamientos, ciertas ideas, más bien que otras y advertimos entonces que la sociedad, el ambiente, etc., seleccionan nuestras ideas. El materialismo mecanicista considera el cerebro como un simple fenómeno mecánico. Pero:

Esta explicación exclusiva del rasero de la mecánica a fenómenos de naturaleza química y orgánica en los que, aunque rigen las leyes mecánicas éstas pasan a segundo plano ante otras superiores a ellas, constituía una de las limitaciones específicas pero inevitables en su época, del materialismo clásico francés.

He ahí el primer gran error del materialismo francés del siglo XVIII. El motivo de este error era que ignoraba la historia en general, es decir, el punto de vista del desarrollo histórico, el proceso; este materialismo consideraba que el mundo no evoluciona y que vuelve a estados semejantes, y no concebía tampoco una evolución del hombre y de los animales.

La segunda limitación específica de este materialismo consistía en su incapacidad para concebir el mundo como un proceso, como una materia sujeta a desarrollo histórico. Esto correspondía al estado de las ciencias naturales por aquel entonces y al modo metafísico, es decir, antidialéctico, de filosofar que con él se relacionaba. Se sabía que la naturaleza se hallaba sujeta a perenne movimiento. Pero, según las ideas, dominantes en aquella época, este movimiento giraba no menos perennemente en un sentido circular, razón por la cual no se movía nunca de sitio, engendraba siempre los mismos resultados.

Su tercer error es que era demasiado contemplativo no veía suficientemente el papel de la *acción* humana en el mundo y en la sociedad. El materialismo de Marx enseña que no debemos sólo el explicar el mundo, sino *transformarlo.* El hombre es, en la historia, un elemento activo que puede provocar cambios en el mundo.

La acción de los comunistas rusos es un ejemplo vivo de una acción capaz no sólo de preparar, hacer y lograr el triunfo de una revolución, sino de establecer, desde 1918, el socialismo en medio de dificultades enormes.

El materialismo premarxista no tenía conciencia de

esta concepción de la acción del hombre. Se creía, en esa época, que el hombre era un producto del medio, mientras que Marx nos enseña que el medio es un producto del hombre y que el hombre es, por consiguiente, un producto de sí mismo. Si el hombre experimenta la influencia del medio, puede transformar el medio, la sociedad; puede, por lo tanto, transformarse a sí mismo.

El materialismo del siglo XVIII era demasiado contemplativo porque ignoraba el desarrollo histórico de todo, y esto era inevitable, puesto que los conocimientos científicos, no estaban suficientemente avanzados como para concebir el mundo y las cosas de otro modo que a través del viejo método de pensar, la "metafísica"

Tercera parte
Estudio de la metafísica

Capítulo único: En qué consiste el método “metafísico”

Sabemos que los defectos de los materialistas del siglo XVIII provienen de su forma de razonamiento, de su método particular de investigación que hemos llamado “método metafísico”. El método metafísico traduce, por tanto, una concepción particular del mundo y debemos observar que si al materialismo premarxista le oponemos el materialismo marxista, al materialismo metafísico oponemos el método dialéctico.

Por eso, ignorando aún lo que entendemos por “metafísica”, lo aprenderemos estudiando su método mismo, para examinar en seguida lo que es, por el contrario, el método dialéctico.

I. Los caracteres de este método

Vamos a estudiar aquí:

El viejo método de investigación y de pensamiento que Hegel llama “metafísico”.

Hagamos en seguida una observación: ¿Qué parece más natural a la mayoría de la gente, el movimiento o la inmovilidad? ¿Cuál es, para ella, el estado normal de las cosas, el reposo o la movilidad?

En general, se cree que el *reposo* existía antes que el movimiento, y para que una cosa pudiera ponerse en movimiento, estaba primero en estado de reposo.

La Biblia también nos dice que antes que el universo, que fue creado por Dios, existía la eternidad inmóvil, es decir el reposo.

He aquí palabras que emplearemos a menudo: reposo, inmovilidad; y también, movimiento y cambio. Estas dos últimas palabras no son sinónimos.

El movimiento, en el sentido literal de la palabra, es el desplazamiento. Ejemplo: una piedra que cae, un tren en marcha, están en movimiento.

El cambio, en el exacto sentido de la palabra, es el paso de una *forma* a otra. Ejemplo: el árbol que pierde sus hojas ha *cambiado* de forma. Pero es también el paso de un *estado a otro*. Ejemplo: el aire se ha hecho irrespirable. Es un cambio.

Por consecuencia, movimiento quiere decir cambio de lugar, y cambio quiere decir variación, mutación de forma o de estado. Trataremos de respetar esta distinción, para evitar confusiones, pero cuando estudiemos la dialéctica volveremos a examinar el sentido de estas palabras.

Acabamos de ver que, de una manera general, se cree que movimiento y cambio son menos normales que el reposo, y es verdad que tenemos cierta preferencia por considerar las cosas en reposo y sin cambio.

Ejemplo: hemos comprado un par de zapatos amarillos y al cabo de un tiempo, después de múltiples reparaciones, en las que hemos hecho cambiar suela y tacones, y hasta hecho remendar numerosas partes, seguimos diciendo: "voy a ponerme los zapatos amarillos", sin darnos cuenta de que ya no son los mismos. Para nosotros son siempre los zapatos amarillos que hemos comprado en tal ocasión y por los que hemos pagado determinado precio. No consideramos el cambio que han experimentado nuestros zapatos: éstos siempre son los mismos, son *idénticos*. Desdeñamos el cambio para no ver más que la identidad, como si nada importante hubiera ocurrido. Este es el

Primer carácter: El principio de identidad

Consiste en preferir la inmovilidad al movimiento y la identidad al cambio frente a los acontecimientos.

De esta preferencia, que constituye el primer carácter de este método, deriva toda una concepción del mundo. Se considera el universo como si estuviera fijo, dirá Engels. Ocurrirá lo mismo con respecto a la naturaleza, la sociedad y el hombre. Por eso se oye decir a menudo: "No hay nada bajo el Sol", lo que quiere decir que nunca ha habido ningún cambio, pues el universo permanece inmóvil. A menudo se oye hablar por ahí de un retorno periódico a los mismos acontecimientos. Dios ha creado el mundo produciendo los peces, los pájaros, los mamíferos, etc., y después nada ha cambiado, el mundo no se ha movido. Se dice también "los hombres siempre son los mismos", como si los hombres nunca hubieran cambiado.

Estas expresiones corrientes son el reflejo de esa concepción que está profundamente arraigada en nosotros, en otro espíritu, y la burguesía explota a fondo ese error.

Cuando se critica al socialismo, uno de los argumentos más utilizados es que el hombre es egoísta y que necesita la intervención de una fuerza para contenerlo, porque sino reinaría el desorden. El resultado de esta concepción metafísica, es que quiere que el hombre tenga una naturaleza fija que no puede cambiar.

Es muy cierto que si bruscamente tuviéramos la posibilidad de vivir en un régimen comunista, es decir si se pudieron repartir los productos inmediatamente a cada cual sus necesidades y no según su trabajo, se desbordaría la satisfacción de los caprichos y tal sociedad no podría mantenerse. Sin embargo, eso es la sociedad comunista y eso es lo racional. Pero, como tenemos una concepción metafísica arraigada, nos representamos al hombre futuro, que vivirá en un porvenir lejano, semejante al hombre de hoy.

Por consiguiente, cuando se afirma que una sociedad socialista o comunista no es posible, porque el hombre es egoísta, se olvida que si la sociedad cambia el hombre también cambiará.

Todos los días se oyen críticas sobre la Unión Soviética que nos prueban las dificultades de comprensión de parte de aquellos que las formulan. Es porque tiene una concepción metafísica del mundo y de las cosas.

Entre los numerosos ejemplos que podríamos citar, tomemos sólo éste. Se dice: "Un trabajador en la Unión Soviética recibe un salario que no corresponde al valor total de lo que produce; hay, por tanto, una plusvalía, es decir, una resta efectuada en su salario. Se le roba. En Francia ocurre lo mismo: los obreros son explotados; entonces no hay diferencia, entre un trabajador soviético y un trabajador francés".

¿Dónde está, en este ejemplo, la concepción metafísica? Consiste en no considerar que aquí se trata de dos tipos de sociedades y en no tener en cuenta las diferencias entre estas dos sociedades. Consiste en creer que, desde el momento en que hay plusvalía, todo es lo mismo tanto aquí como allá, sin considerar los cambios que se han producido en la URSS, donde el hombre y la máquina ya no tienen el mismo sentido económico y social que en Francia. Ahora bien, en nuestro país, la máquina existe para producir y el hombre para ser explotado. En la URSS, los dos existen sólo para producir. La plusvalía en Francia va al patrón en la URSS, al Estado, es decir, a la colectividad sin clases.

Vemos en este ejemplo, que los defectos del juicio provienen en los que son sinceros, del método metafísico y, particularmente, de la aplicación del primer carácter de este método; carácter fundamental que consiste en subestimar el camino y en considerar preferentemente la inmovilidad o, en una palabra, que tiende a perpetuar la identidad bajo el cambio.

Pero ¿qué es esta identidad? Hemos visto construir una casa que se terminó el 10 de enero de 1935, por ejemplo. ¿Cuándo diremos que es idéntica? El 10 de enero de 1936, así como todos los años siguientes, porque siempre tiene dos pisos, veinte ventanas, dos puertas de calle, etc., porque sigue siendo siempre la misma, no cambia, no es diferente. Así, pues, ser idéntica, es continuar siendo la misma, no transformarse en otra.

Pero ¿cuáles son las consecuencias prácticas del primer carácter del método metafísico?

Como preferimos ver la identidad en las cosas, es decir, verlas subsistir sin ningún cambio, decimos, por ejemplo: "La vida es la vida y la muerte es la muerte". Afirmamos que la vida sigue siendo la vida, que la muerte cuando la muerte, y es todo.

Habituamos a considerar las cosas en su identidad, las separamos unas de otras. Decir "una silla es una silla" es una comprobación natural, pero es poner el acento en la identidad, y esto quiere decir al mismo tiempo lo que no es una silla es otra cosa.

Es tan natural decirlo que subrayarlo parece infantil. En el mismo orden de ideas, diremos:"El caballo es el caballo y lo que no es el caballo es otra cosa". Así pues, separamos de un lado, la silla; del otro, el caballo y hacemos lo mismo con cada cosa. Hacemos, por tanto distinciones, separando rigurosamente las cosas unas de otras, y así llegamos a transformar el mundo en una colección de cosas separadas, lo que constituye el...

Segundo carácter: aislamiento de las cosas

Lo que acabamos de decir parece tan natural que es como para preguntarse ¿para qué decirlo? Vamos a ver que, a pesar de todo, era necesario hacerlo, porque este sistema de razonamientos nos lleva a ver las cosas desde un cierto ángulo.

Una vez más, vamos a juzgar el segundo carácter de este método en las consecuencias prácticas.

En la vida corriente, si observamos los animales y si razonamos a propósito de ellos, separando los seres, no vemos lo que hay de común entre los géneros y las especies diferentes. Un caballo es un caballo y una vaca es una vaca. Entre ellos no hay ninguna relación.

Es el punto de vista de la antigua zoología que clasifica los animales separándolos claramente unos de otros y que no ve ninguna relación entre ellos. Lo cual es un los resultados de la aplicación del método metafísico.

Como otro ejemplo, podemos citar el hecho de que la burguesía quiere que la ciencia sea la ciencia, que la filosofía permanezca igual a sí misma; lo mismo con respecto a política y —se entiende— no hay nada común, absolutamente ninguna relación entre ellas. Las conclusiones prácticas de tal razonamiento son que un sabio debe continuar siéndolo sin mezclar su ciencia en la filosofía y en la política. Lo mismo con respecto al filósofo y al hombre de un partido político.

Cuando un hombre de buena fe razona así, se puede decir que razona como metafísico. El escritor inglés Wells fue a la Unión Soviética hace unos años e hizo una visita al gran escritor, hoy desaparecido, Máximo Gorki. Le propuso crear un club literario en el que no se haría política, porque, para él, la literatura es la literatura y la política es la política. Parece que Gorki y sus amigos se echaron a reír y Wells se sintió molesto. Es que Wells veía y concebía al escritor como si viviera fuera de la sociedad, mientras que Gorki y sus amigos sabían que no ocurre así en la vida, en la que todas las cosas están vinculadas.

En la práctica corriente nos esforzamos por clasificar, por aislar las cosas, por verlas, por estudiarlas sólo por ellas mismas. Los que no son marxistas ven el Estado en general aislándolo de la sociedad, como independiente de la forma de la sociedad. Razonar así, es aislar el Estado de la realidad, es aislarlo de sus relaciones con la sociedad.

En idéntico error se incurre en cuanto se habla del hombre aislándolo de los otros hombres, de su medio, de la sociedad. Si se considera también la máquina por sí misma, aislándola de la sociedad donde produce, se comete el error de pensar "máquinas en París, máquinas en Moscú; plusvalía aquí y allá no hay diferencia, es absolutamente la misma cosa".

Continuamente se puede leer esto, y los que lo leen lo aceptan porque el punto de vista general es aislar, dividir las cosas. Es un hábito característico del método metafísico.

Tercer carácter: Divisiones eternas e infranqueables

Después de haber preferido considerar las cosas, como inmóviles y sin cambio, las hemos clasificado, catalogado, creando así entre ellas divisiones que nos hacen olvidar las relaciones que pueden tener unas con otras.

Esta manera de ver y de juzgar nos llega a creer que esas divisiones se hacen una vez por todas (un caballo es un caballo) y que son absolutas, infranqueables y eternas. He aquí el tercer carácter del método metafísico.

Pero debemos prestar atención cuando hablamos de este método: porque cuando nosotros, los marxistas, decimos que en la sociedad capitalista hay dos clases, la burguesía y el proletariado, también hacemos divisiones que pueden parecer emparentadas con el punto de vista metafísico. Pero no se es metafísico sólo por el simple hecho de que se introduzcan divisiones, sino por el modo, la manera como se establecen las diferencias, las relaciones que existen entre estas divisiones.

Por ejemplo, cuando decimos que hay en la sociedad dos clases, la burguesía piensa en seguida que hay ricos y pobres. Y, naturalmente, nos dirá: siempre ha habido ricos pobres.

"Ha habido siempre" y "habrá siempre", es una manera metafísica de razonar. Se clasifican para siempre las cosas independientes unas de' otras, y, entre ellas, se levantan tabiques, muros infranqueables.

Se divide a la sociedad en ricos y pobres, en lugar de comprobar la existencia de la Burguesía y del Proletariado, y aun cuando se admite esta última división, se las considera fuera de sus relaciones mutuas, es decir, de la lucha de clases. ¿Cuáles son las consecuencias prácticas de este tercer carácter que establece entre las cosas barreras definitivas? Es que entre un caballo y una vaca no puede haber ningún vínculo de parentesco.

Ocurrirá lo mismo con respecto a todas las ciencias y a todo lo que nos rodea. Veremos si esto entra en el dominio de lo posible, pero nos queda por examinar cuáles son las consecuencias de esos tres diferentes caracteres que acabamos de describir, todo lo cual da lugar al

Cuarto carácter: oposición de los contrarios

Se desprende de todo lo que acabamos de examinar que cuando decimos: "La vida es la vida y la muerte es la muerte", afirmamos que no hay nada de común entre la vida y la muerte. Las clasificamos perfectamente aparte una de otra, considerando la vida y la muerte cada una por sí misma, sin ver las relaciones que pueden existir entre ellas. En éstas condición un hombre que acaba de perder la vida debe ser considerado como una cosa muerta, porque es imposible que esté a la vez vivo y muerto, puesto que la vida y la muerte se excluyen mutuamente.

Considerando las cosas como aisladas, diferentes unas de otras, llegamos a separarlas, *oponiéndolas* unas a otras.

Ya estamos en el cuarto carácter del método metafísico que opone *los contrarios* unos a otros y que afirma que *dos cosas contrarias no pueden existir al mismo tiempo.*

En efecto, en este ejemplo de la vida y de la muerte no puede haber tercera posibilidad. Necesitamos elegir absolutamente una u otra de las clasificaciones que hemos hecho. Consideramos que una tercera posibilidad sería una *contradicción,* que esta contradicción es un absurdo y, por consiguiente, una imposibilidad.

El cuarto carácter del método metafísico es, por tanto, el *rechazo categórico de la contradicción.*

Las consecuencias prácticas de ese razonamiento son que cuando se habla de democracia y de dictadura, por ejemplo, el punto de vista metafísico exige que una sociedad *elija* entre las dos, porque la democracia es la democracia y la dictadura es la dictadura. La democracia no es la dictadura y la dictadura no es la democracia. Debemos elegir, sin lo cual estamos frente a una contradicción, a un absurdo, a una imposibilidad.

La actitud marxista es totalmente diferente

Creemos, por el contrario, que la dictadura del proletariado es a la vez la dictadura de la masa y democracia para la masa de los explotados.

Creemos que la vida, la de los seres vivos, sólo es posible porque hay una lucha perpetua entre las células y porque, continuamente unas mueren para ser reemplazadas por otras. Así, la vida contiene en ella, la muerte. Creemos que la muerte no es tan total y separada de la vida como lo cree la metafísica, porque en un cadáver toda la vida no ha desaparecido completamente, puesto que algunas células continúan viviendo cierto tiempo, y que de ese mismo cadáver nacerán otras vidas.

II. Recapitulación

Los diferentes caracteres del método metafísico nos obligan a considerar las cosas desde un cierto ángulo y nos llevan a razonar de cierta manera. Comprobamos que esta manera de analizar posee cierta "lógica" que estudiaremos más adelante y veremos que esto corresponde mucho a la manera de ver, de pensar, de estudiar, de analizar que se utiliza en general.

Comenzaremos por:

1. Distinguir las cosas en su inmovilidad, en su identidad.

2. Separar las cosas unas de otras, desligarlas de sus relaciones mutuas.

3. Establecer entre las cosas divisiones eternas, muros infranqueables.

4. Oponer los contrarios, afirmando que dos cosas contrarias no pueden existir al mismo tiempo.

Cuando examinamos las consecuencias prácticas de cada una de las enumeraciones anteriores, verificamos que ninguna corresponde a la realidad.

¿Es que la realidad del mundo coincide con esa idea? ¿Es que las cosas están inmóviles y sin cambios en la naturaleza? No. Comprobamos que todo está sujeto a cambio y movimiento. Por consiguiente, esa concepción no está de acuerdo con las cosas mismas. Evidentemente, la naturaleza tiene razón y esta concepción está equivocada.

Hemos definido, desde el comienzo, que la filosofía pretende explicar el universo, el hombre, la naturaleza, etc. Así como las ciencias estudian los problemas particulares hemos dicho que la filosofía es el estudio de los problemas más generales sintetizando y prolongando las ciencias.

Por eso el viejo método "metafísico" de pensar que se aplica a todos los problemas es, también, una concepción filosófica que considera al universo, al hombre y la naturaleza de una manera completamente particular.

Para el metafísico, los objetos y sus imágenes en el pensamiento, los conceptos, son objetos de investigación aislados. fijos, inmóviles, enfocados uno tras otro, como algo dado y perenne. Piensa solamente en antítesis inconexas, para él una cosa existe o no existe: un objeto no puede ser al mismo tiempo lo que es y otros distinto, lo positivo y lo negativo se excluyen, recíprocamente en absoluto. La causa y el efecto revisten asimismo, la forma de una rígida antítesis.

Por tanto, la concepción metafísica considera "el universo como un conjunto de cosas fijas", y para captar bien esta manera de pensar vamos a estudiar cómo concibe la naturaleza, la sociedad y el pensamiento.

III. La concepción metafísica de la naturaleza

La metafísica considera la naturaleza como un conjunto de cosas definitivamente fijas.

Pero hay dos modos de considerar las cosas. La primera manera considera que el mundo está absolutamente inmóvil, pues el movimiento no es más que una ilusión de nuestros sentidos. Si quitamos esta apariencia de movimiento la naturaleza no se mueve.

Esta teoría fue sostenida por una escuela de filósofos griegos a los que se llama eleáticos. Esta concepción simplista está en una contradicción tan violenta con la realidad que ya no es defendida en nuestros días.

La segunda manera de considerar la naturaleza como un conjunto de cosas fijas es mucho más sutil. No se dice que la naturaleza esta inmóvil, sino que se mueve, animada por un movimiento mecánico. Aquí desaparece la primera manera. No se niega ya el movimiento, y esto parece no ser una concepción metafísica. Se llama a esta concepción "mecanicista" o el "mecanicismo".

Es un error que se comete a menudo y que volvemos a encontrar en los materialistas de los siglos XVII y XVIII.

Hemos visto que no consideran la naturaleza como inmóvil, sino en movimiento; sólo que para ellos ese movimiento es simplemente un camino mecánico, un desplazamiento.

Admiten el conjunto del sistema solar (la Tierra gira alrededor del Sol), pero creen que ese movimiento es puramente mecánico, es decir, un simple cambio de lugar, y consideran ese movimiento desde este aspecto.

Pero las cosas no son tan simples. Si la Tierra no hace más que girar, sin duda se trata de un movimiento mecánico; pero mientras gira, puede experimentar influencias, enfriarse, por ejemplo. No hay, por tanto, sólo un desplazamiento: también se producen otros cambios.

Lo que caracteriza a esta concepción llamada "mecanicista" es que se considera sólo el movimiento mecánico.

Si la Tierra gira sin cesar, y si no le sucede nada más, la Tierra cambia de lugar, pero la Tierra en sí misma no varía; permanece idéntica a sí misma. No hace más que seguir, antes o después de nosotros, girando siempre y siempre. Así, todo acontece como si nada hubiera pasado.

Admitir el movimiento, pero haciendo de él un movimiento mecánico, es una concepción metafísica, porque este movimiento no tiene historia.

Un reloj que tuviera órganos perfectos, construido con materiales que no se gastaran, que funcionara eternamente sin cambiar, ese reloj no tendría historia. Esta concepción del universo se encuentra constantemente en Descartes, que trata de reducir a la mecánica todas las leyes físicas y fisiológicas. No tiene ninguna idea de la química (ver su explicación de la circulación de la sangre), y esta concepción mecánica de las cosas será aún la de los materialistas del siglo XVIII.

(Haremos una excepción con Diderot, que es menos puramente mecanicista y que en ciertos escritos vislumbra la concepción dialéctica).

Lo que caracteriza a los materialistas del siglo XVIII es que convierten la naturaleza en un mecanismo de relojería, y esta concepción se manifiesta constantemente en sus escritos.

Si fuera así, las cosas regresarían continuamente al mismo punto sin dejar huellas, y la naturaleza permanecería idéntica a sí misma, lo que es el primer carácter del método metafísico.

IV. La concepción metafísica de la sociedad

La concepción metafísica sostiene que nada cambia en la sociedad. Pero, en general, no pretende esto tan estrictamente. Reconoce que se producen cambios, como por ejemplo, en la producción cuando, partiendo de las materias primas, se producen objetos complicados; en la política, donde los gobiernos se suceden unos a otros. La gente lo reconoce también pero considera al régimen capitalista como un estado definitivo, eterno y lo compara, a veces con una máquina.

Así se habla de la *máquina* económica que se descompone, a veces, pero que se la quiere reparar para conservarla. Y se desea que esta máquina económica pueda continuar distribuyendo, como un aparato automático, a unos, dividendos; a otros, miseria

Se habla también de la máquina política que es el régimen parlamentario, y sólo se le pide una cosa: que funcione, tanto hacia la derecha como hacia la izquierda, para conservar el régimen.

He aquí, en esta manera de considerar la sociedad, una concepción mecanicista, metafísica

Si fuera posible que esta sociedad, en la cual funcionan todos estos rodajes, pudiera continuar marchando así continuamente, no dejaría huella y, por consiguiente, ninguna continuidad en la historia.

Hay también una concepción mecanicista muy importante, válida para todo el universo, pero sobre todo para la sociedad, y que consiste en difundir la idea de una marcha regular y de un retorno periódico de los mismos acontecimientos de acuerdo con la fórmula "la historia es un perpetuo recomenzar".

Hay que admitir que estas concepciones están muy difundidas. No niegan, es verdad, el movimiento y el cambio, que existen y se comprueban en la sociedad, pero falsifican el movimiento mismo introduciendo el mecanicismo.

V. La concepción metafísica del pensamiento

¿En general, cuál es la concepción que se tiene acerca del pensamiento?

Creemos el pensamiento humano es y fue eterno. Creemos, si las cosas han cambiado, nuestra manera de razonar es la misma que la del hombre que vivía hace un siglo. Consideremos nuestros sentimientos como si fueran los mismos que los de los griegos, la bondad y el amor hubieran existido; es así como se habla del amor como siempre eterno. Es muy corriente creer que los sentimientos humanos no han cambiado.

Por esto se dice y escribe, por ejemplo, que una sociedad no puede existir sin tener otra base que el enriquecimiento. Por eso también, que los "deseos de los hombres siempre son los mismos".

Muchos pensamos así. En el movimiento del pensamiento como en los otros, dejamos penetrar la concepción metafísica, porque en la base de nuestra educación se encuentra ese método.

A primera vista, este método especulativo nos parece extraordinariamente plausible, porque es el llamado sano sentido común.

Resulta de esta manera de ver, de esta manera de pensar metafísica, que no es sólo una concepción del mundo, sino también un modo de proceder para pensar.

Si es relativamente fácil rechazar los razonamientos metafísicos, por el contrario, es más difícil deshacerse del método de pensar metafísico. A este respecto debemos ser precisos. Llamamos a la manera como vemos el universo, una *concepción*, y a la manera como buscamos las explicaciones, un *método*.

Ejemplos a) Los cambios que vemos en la sociedad sólo son aparentes, renuevan lo que ya ha sido. He aquí una "concepción".

b) Cuando se busca en la historia de la sociedad lo que ya ha tenido lugar se llega a la conclusión de que "no hay nada nuevo bajo el Sol", he aquí lo que es el "método"

Y comprobamos que la *concepción dirige, guía al método.*

Hemos visto que es la concepción metafísica Ahora vamos a ver en qué consiste su método de investigación que se llama la lógica.

VI. ¿Qué es la lógica?

Se dice que la "lógica" es el arte de pensar bien. Pensar conforme a la verdad es pensar según las reglas de la lógica.

¿Cuáles son estas reglas? Hay tres grandes reglas principales, que son:

1. *El principio de identidad.* Ya hemos visto que consiste en que una cosa es idéntica a sí misma, no cambia (el caballo es el caballo).

2. *El principio de no contradicción.* Una cosa no puede ser al mismo tiempo ella y su contrario. Hay que elegir (la vida no puede ser la vida y la muerte).

3. *Principio del tercero excluido.* O exclusión del tercer caso, lo que quiere decir: entre dos posibilidades contradictorias no hay lugar para una tercera. Hay que elegir entre la vida y la muerte, no hay tercera posibilidad.

Luego, ser lógico es pensar bien. No es pensar bien olvidarse de aplicar estas tres reglas.

Volvemos a encontrar en esto, principios que hemos estudiado y que provienen de la concepción metafísica.

Lógica y metafísica están, por consiguiente, íntimamente vinculadas. La lógica es un instrumento, un método de razonamiento que procede clasificando cada cosa de una manera bien determinada; que obliga, por lo tanto, a ver las cosas como idénticas a ellas mismas, que en seguida nos pone en la obligación de elegir, de decir sí o no, y en conclusión que excluye, entre dos casos la vida y la muerte, por ejemplo, una tercera posibilidad.

Cuando se dice:

"Todos los hombres son mortales; este camarada es un hombre; por lo tanto es mortal", tenemos lo que se llama un silogismo. Razonando así hemos determinado el lugar del camarada, hemos hecho una clasificación.

La tendencia de nuestro espíritu, cuando encontramos a un hombre o una cosa, es pensar: ¿dónde hay que clasificarlo? Nuestro espíritu sólo se plantea ese problema. Vemos las cosas como círculos o cajas de diferentes dimensiones, y nuestra preocupación consiste en hacer entrar esos círculos y esas cajas unos en otros y en cierto orden

En nuestro ejemplo, determinamos primero un gran círculo que contiene a TODOS los mortales; en seguida, un círculo más pequeño que contiene a TODOS los hombres; y en seguida sólo ESTE camarada.

Si queremos clasificarlos, haremos entrar los círculos unos en otros, siguiendo una cierta "lógica".

La concepción metafísica está construida, por tanto, con la lógica y el silogismo. Un silogismo es un grupo de tres frases; las dos primeras se llaman premisas, lo que quiere decir "colocadas antes", y la tercera frase es la conclusión. Otro ejemplo: "en la Unión Soviética, antes de la última Constitución, existía la dictadura del proletariado. La dictadura es la dictadura. En la URSS hay dictadura. Luego, no hay ninguna diferencia entre la URSS, Italia y Alemania, países de dictadura".

Aquí no se analiza *para qué* es la dictadura, lo mismo que cuando se elogia la democracia burguesa no se dice para que está hecha esa democracia.

Así se llega a plantear los problemas, a ver las cosas y el mundo social a través de círculos separados y a hacer entrar los círculos unos en otros.

Estas son cuestiones teóricas, pero que producen una manera de obrar en la práctica. Así podemos citar ese desdichado ejemplo de la Alemania de 1919 en donde la socialdemocracia, para conservar la democracia, mató la dictadura del proletariado sin ver que procediendo así dejaba subsistir el capitalismo y abría camino al nazismo.

Ver las cosas separadamente y estudiarlas así, es lo que hicieron la zoología y la biología hasta el momento en que se descubrió y comprendió la evolución en los animales y en las plantas. Antes se clasificaba a todos los seres pensando en su identidad, en que todas las cosas siempre habían sido como eran.

En efecto… hasta fines del siglo pasado las Ciencias Naturales fueron predominantemente ciencias *colectoras,* ciencias de objetos hechos.

Para terminar, daremos la...

VII. Explicación de la palabra "metafísica"

En la filosofía hay una parte importante que se llama metafísica. Pero sólo es una parte importante en la filosofía burguesa, idealista, porque se ocupa de Dios y del alma. Todo ahí es eterno o Dios es eterno, no cambia, permanece idéntico a sí mismo. El alma también. Lo mismo con respecto al bien, al mal, etc., pues todo está claramente definido, definitivo y eterno. Por consiguiente, en esta parte de la filosofía que se llama metafísica, se ven las cosas como un conjunto estático y se procede, en el razonamiento por oposición: Se opone el espíritu a la materia, el bien al mal, etc.; es decir, se razona por oposición de los contrarios entre ellos.

Se llama concepción "metafísica" a esta manera de razonar, de pensar, porque trata las cosas y los razonamientos que se encuentran *fuera de la física,* como Dios, la bondad, el alma, el mal, etc. Metafísica procede del griego *meta*, que quiere decir "más allá", y de *física* ciencia que estudia los cuerpos, sus leyes y propiedades. Luego, metafísica es la concepción que trata de las cosas que están más allá del dominio de la física, del mundo.

También, en la historia de la filosofía "metafísica" significa literalmente "*después de la física*", indicando las obras escritas por Aristóteles que se ordenaron después de los estudios de éste sobre temas de física.

Insistimos, en conclusión, sobre el vínculo que existe entre los tres términos que hemos estudiado:

La metafísica, el mecanicismo, la lógica. Estas tres disciplinas se presentan siempre *juntas* y se buscan una a la otra. Forman un *sistema* y sólo pueden comprenderse una por la otra.

Cuarta parte
Estudio de la dialéctica

Capítulo I: Introducción al estudio de la dialéctica

I. Precauciones preliminares

Cuando se habla de la dialéctica se hace a veces con misterio, presentándola como algo complicado. Conociéndola mal, se habla también sin ton ni son. Todo esto es lamentable y hace cometer errores que deben evitarse.

Tomado en su sentido etimológico, el término de dialéctica significa simplemente el arte de discutir, y es así como a menudo se oye decir de un hombre que discute mucho y también, por extensión, del que habla bien, ¡es un dialéctico!

No estudiaremos la dialéctica en este sentido. Ésta ha tomado, desde el punto de vista filosófico, un significado especial.

Contrariamente a lo que se cree, la dialéctica en su sentido filosófico, está al alcance de todos porque es una cosa muy clara y sin misterios. Pero si la dialéctica puede ser comprendida por todo el mundo, tiene asimismo sus dificultades; y he aquí como debemos comprenderlas.

Entre los trabajos manuales, algunos son simples, otros, más complicados. Hacer cajas de embalaje, por ejemplo, es un trabajo sencillo. Montar un aparato radiotransmisor o receptor, por el contrario, representa un trabajo que exige cierta preparación, habilidad, precisión, elasticidad de los dedos, etc.

Para nosotros las manos y los dedos son instrumentos de trabajo. Pero el pensamiento también es un instrumento de trabajo. Y si nuestros dedos no hacen siempre un trabajo de precisión, ocurre lo mismo con nuestro cerebro.

En la historia del trabajo humano, el hombre, en sus comienzos, sólo sabía hacer trabajos burdos. El progreso en las ciencias le ha permitido trabajos más precisos y delicados.

Ocurre exactamente lo mismo con la historia del pensamiento. La metafísica es el método de pensar que sólo es capaz, como nuestros dedos, de movimientos torpes (como clavar cajas o abrir cajones). La dialéctica es diferente a este método porque confiere una precisión mucho mayor. No es más que un método de pensar de gran exactitud y claridad.

La evolución del pensamiento ha sido la misma que la del trabajo manual. Es la misma historia y no tiene ningún misterio, todo es claro en esta evolución.

Las dificultades que encontramos provienen de que hasta hace veinticinco años clavamos cajas y súbitamente nos ponen ante aparatos de radio para que hagamos el montaje. Es cierto que tendremos grandes dificultades, que nuestras manos serán torpes, nuestros dedos inhábiles. Sólo poco a poco lograremos flexibilidad y realizaremos ese trabajo. Lo que era muy difícil al comienzo, nos parecerá después muy fácil.

Con la dialéctica ocurre lo mismo. Nos sentimos torpes, pesados, con el antiguo método de pensar metafísico, y debemos adquirir la flexibilidad y la precisión del método dialéctico. Pero aun así vemos que tampoco hay nada misterioso ni demasiado complicado.

II. ¿De dónde surgió el método dialéctico?

Sabemos que la metafísica considera el mundo como un conjunto de cosas fijas y que, por el contrario, si observamos la naturaleza, verificamos que todo se mueve, que todo cambia. Comprobamos lo mismo con el pensamiento. De esta comprobación resulta un desacuerdo entre la metafísica y la realidad. Por eso, para definir de una manera simple y dar una idea esencial, se puede decir: el que dice "metafísica" dice "inmovilidad", y el que dice "dialéctica" dice "movimiento".

El movimiento y el cambio que existen en todo cuanto rodea constituyen la base de la dialéctica.

Si nos paramos a pensar sobre la naturaleza, o sobre la historia humana, o sobre nuestra propia actividad espiritual, nos encontramos de primera intención con la imagen de una trama infinita de concatenaciones y mutuas influencias, en la que nadie permanece lo que era, ni cómo y donde era, sino que todo se mueve y se cambia, nace y caduca.

Vemos que, desde el punto de vista dialéctico, todo cambia; nada se queda donde está, nada continúa siendo lo que es, y, por consiguiente, este punto de vista está completamente de acuerdo con la realidad. Nada permanece en el lugar que ocupa, puesto que aun lo que nos parece inmóvil, se mueve; se mueve con el movimiento de la Tierra alrededor del Sol, y se mueve en el movimiento de la Tierra sobre sí misma. En la metafísica, el principio de identidad sostiene que una cosa sigue siendo ella misma. Vemos, por el contrario, que una cosa no permanece como es.

Tenemos la impresión de seguir siendo siempre los mismos y sin embargo —nos dice Engels— "los mismos son diferentes". Creemos ser idénticos y hemos cambiado. De niños que éramos, nos hemos transformado en hombres, y este hombre físicamente nunca se mantiene igual: envejece todos los días.

Por lo tanto, el movimiento no es una apariencia engañosa, como sostienen los eleáticos, sino lo es la inmovilidad, porque, en realidad, todo se mueve y cambia.

La historia también nos prueba que las cosas no siguen siendo como son. En ningún momento la sociedad esta inmóvil. Hemos tenido en la antigüedad la sociedad esclavista, después le sucedió la sociedad feudal, después la sociedad capitalista. El estudio de estas sociedades nos muestra que continuamente, insensiblemente, los elementos que han permitido el surgimiento de una sociedad nueva, se han desarrollado en ellas. Así es como la sociedad capitalista cambia cada día, y ya se ha transformado en la URSS. Y como ninguna sociedad queda inmóvil, la sociedad socialista edificada en la Unión Soviética también está destinada a desaparecer. Se transforma ya a ojos vistas, y por eso los metafísicos no comprenden lo que pasa allá. Continúan juzgando una sociedad completamente transformada, con sentimientos de hombres que experimentan aún la opresión capitalista.

Nuestros mismos sentimientos se transforman, de lo cual nos damos cuenta muy poco. Vemos surgir la simpatía; después, a veces, el amor, de donde a veces derivará el odio.

Por todas partes, en la naturaleza, la historia, el pensamiento, vemos el cambio, el movimiento. Por esa comprobación comienza la dialéctica.

Los griegos se sorprendían con el hecho de que por todas partes se encuentre el cambio, el movimiento. Hemos visto que Heráclito, al que se llama "el padre de la dialéctica", nos legó una *concepción dialéctica* del mundo; es decir, una idea del mundo en su desarrollo, movimiento y cambio. Esta manera de pensar de Heráclito se transforma en un "método", método dialéctico que solamente mucho más tarde pudo afirmarse como veremos.

III. ¿Por qué ha estado la dialéctica tanto tiempo dominada por la concepción metafísica?

Hemos visto que la concepción dialéctica había surgido demasiado pronto en la historia, pero que los conocimientos insuficientes de los hombres permitieron el desarrollo de la concepción metafísica.

Podemos hacer un paralelo entre el idealismo que surgió de la gran ignorancia de los hombres y la concepción metafísica que surgió de los conocimientos insuficientes de la dialéctica.

¿Por qué y cómo fue posible esto?

Los hombres han comenzado el estudio de la naturaleza en un estado de completa ignorancia. Para estudiar los fenómenos que comprueban, comienzan por clasificarlos. Pero de la manera de clasificar resulta un hábito de la mente. Haciendo categorías y separando estas categorías unas de otras nuestro espíritu se habitúa a hacer estas separaciones, y encontramos allí los primeros caracteres del método metafísico. Por lo tanto, la metafísica impera precisamente gracias al insuficiente desarrollo de la ciencia. Todavía hace cincuenta años se estudiaban las ciencias separándolas unas de otras. Se estudiaba aparte la química, la física, la biología, por ejemplo, y no se veía entre ellas ninguna relación. Se continuaba también aplicando este método *en el interior* de las ciencias: la física estudiaba el sonido, el calor, el magnetismo, la electricidad, etc., y se creía que estos fenómenos diferentes no tenían ninguna relación entre ellos. Se les estudiaba en capítulos separados

Reconocemos perfectamente en eso el segundo carácter de la metafísica que pretende que se separen las cosas de sus relaciones y que entre ellas no haya nada en común.

Del mismo modo, es más fácil concebir las cosas en estado de reposo que en el de movimiento. Tomemos como ejemplo la fotografía: vemos que al principio se trata de fijar las cosas en su inmovilidad (es la fotografía); después, en su movimiento (es el cine). ¡Y bien!, la imagen de la fotografía y del cine es la imagen del desarrollo de las ciencias y del espíritu humano. Estudiamos las cosas en reposo *antes de estudiarlas* en su movimiento.

¿Y por qué? Porque *no se sabía nada.* Para aprender se ha seguido el punto de vista más fácil, y las cosas inmóviles son más fáciles de captar y de estudiar.

Volvemos a encontrar ese estado de espíritu por ejemplo, en la biología, en el estudio de la zoología y de la botánica. Como no se los conocía bien, se han clasificado primero los animales en razas, en especies, pensando que entre ellas no había nada de común y *que siempre habían sido así* (tercer carácter de la metafísica). De ahí proviene la teoría que se llama el "fijismo" que es, por consiguiente, una teoría metafísica y que proviene de la ignorancia de los hombres.

IV. ¿Por qué era metafísico el materialismo del siglo XVIII?

Sabemos que la mecánica ha desempeñado un gran papel en el materialismo del siglo XVIII y que a menudo este materialismo se llama "materialismo metafísico".

¿Por qué ocurrió así? Porque la concepción materialista está vinculada con el desarrollo de todas las ciencias y porque, entre éstas, la mecánica se desarrolló primero. En la vida corriente la mecánica es el estudio de las máquinas; en lenguaje científico, es el estudio del movimiento como desplazamiento. Y si la mecánica fue la ciencia más desarrollada en un principio, se debe a que el movimiento mecánico es el movimiento más simple. Estudiar el movimiento de una manzana que se balancea por el viento en un manzano, es mucho más fácil que estudiar el cambio que se produce en la manzana que madura. Se puede estudiar mas fácilmente el efecto del viento en la manzana que la maduración de la manzana. Pero este estudio es "parcial" y, por lo tanto, abre la puerta a la metafísica.

Si bien observan con claridad que todo es movimiento, los griegos no *pueden* aplicar esta observación porque su saber es insuficiente. Entonces observan las cosas y los fenómenos, los clasifican y se conforman con estudiar el desplazamiento, de donde la mecánica y la insuficiencia de los conocimientos en las ciencias hacen surgir la concepción metafísica

Sabemos que el materialismo se basa siempre en las ciencias y que en el siglo XVIII la ciencia estaba dominada por el espíritu metafísico. Entre todas las ciencias, la ciencia más desarrollada en esta época era la mecánica

Por eso era inevitable —dirá Engels— que el materialismo del siglo XVIII fuera un materialismo metafísico y mecanicista, porque las ciencias eran así.

Diremos, pues, que este materialismo metafísico y mecanicista era materialista porque respondía a la cuestión fundamental de la filosofía diciendo que el factor primero era la materia, pero que era metafísico porque consideraba el universo como un conjunto de cosas fijas, y mecanicista porque estudiaba y veía todas las cosas a través de la mecánica.

Llegará un día en que, por el acervo de investigaciones y experiencias se logrará comprobar que las ciencias no están inmóviles, se verá que en ellas se han producido transformaciones. Después de haber separado la química de la biología y de la física, se comprenderá que se hace imposible de una u otra sin recurrir a las demás. Por ejemplo, el estudio de la digestión, que pertenece al dominio de la biología se hace imposible sin la química. En el siglo XIX se advertía ya, que las ciencias estaban vinculadas entre lo que provocaba un abandono del espíritu metafísico de las ciencias porque se tenía un conocimiento más profundo de la naturaleza. Hasta entonces se habían estudiado separadamente los fenómenos de la física; después se comprobó que todos estos fenómenos tenían la misma naturaleza. Así la electricidad y el magnetismo, que se estudiaban separadamente, se han reunido hoy en una ciencia única: el electromagnetismo.

Al estudiar los fenómenos del sonido y del calor se advirtió también que los dos habían surgido de un fenómeno de la misma naturaleza.

Golpeando con un martillo se obtiene un sonido y se produce calor. El movimiento produce el calor. Y sabemos que el sonido se produce por las vibraciones del aire. Las vibraciones también son movimiento; he aquí, por lo tanto, dos fenómenos de la misma naturaleza.

Clasificando cada vez más minuciosamente, se llegó en la biología a encontrar especies que no se podían clasificar como vegetales o animales. Luego, no había separación brusca entre vegetales y animales, e impulsando siempre los estudios, se llegó a la conclusión de que los animales no habían sido siempre lo que son. Los hechos condenaron el "fijismo" y el espíritu metafísico.

Esta transformación que acabamos de ver y que ha permitido al materialismo transformarse en dialéctico se produjo en el transcurso del siglo XIX. La dialéctica es el espíritu de las ciencias que, al desarrollarse, han abandonado la concepción metafísica. El materialismo ha podido transformarse porque las ciencias han cambiado. A las ciencias metafísicas corresponde el materialismo metafísico y a las ciencias nuevas corresponde un materialismo nuevo, que es el materialismo dialéctico.

V. Cómo nació el materialismo dialéctico: Hegel y Marx

Si preguntamos cómo se operó esa transformación del materialismo metafísico en materialismo dialéctico, se responde generalmente diciendo:

1. Existía el materialismo metafísico, el del siglo XVIII.
2. Las ciencias han cambiado.
3. Marx y Engels han intervenido; han cortado en dos el materialismo metafísico; abandonando la metafísica han conservado el materialismo fijando en éste la dialéctica.

Si nos inclinamos a presentar las cosas así, se debe a la influencia del método metafísico, que pretende que simplifiquemos las cosas para hacer con ellas un esquema. Por el contrario, debemos tener siempre presente que los *hechos de la realidad nunca deben ser esquematizados.* Los hechos son más complicados de lo que parecen y de lo que creemos. Luego, no ha habido una transformación tan simple del materialismo metafísico al materialismo dialéctico.

La dialéctica fue desarrollada por un filósofo idealista, Hegel (1770-1831), que supo comprender el cambio operado en las ciencias. Volviendo a la vieja idea de Heráclito, comprobó, ayudado por los progresos científicos, que en el universo todo es movimiento y cambio, que nada está aislado, sino que todo depende de todo, y así mejoró la dialéctica. A causa de Hegel, hablamos hoy de movimiento dialéctico del mundo. En primer lugar, tomó el movimiento del pensamiento y lo llamó naturalmente dialéctico, porque se trataba de un progreso del espíritu por el choque de las ideas, la discusión.

Pero Hegel es idealista, es decir, da primordial importancia al espíritu y, por consiguiente, tiene una concepción particular del movimiento y del cambio. Cree que son los cambios del espíritu los que producen los cambios de la materia. Para Hegel, el universo es la idea materializada y está primero el espíritu que descubre el universo. Comprueba que el espíritu y el universo están en perpetuo cambio y saca la conclusión de que los cambios del espíritu determinan los cambios de la materia.

Ejemplo: el inventor tiene una idea, la realiza, y esta idea materializada es la que crea cambios en la materia.

Hegel es, por lo tanto, dialéctico; pero subordina la dialéctica al idealismo.

Es entonces cuando Marx (1818-1883) y Engels, que eran discípulos de Hegel pero materialistas, es decir, daban una importancia primordial a la materia, estudian su dialéctica y concluyen que ésta da afirmaciones justas, pero a la inversa. Engels dirá a este respecto: Con Hegel la dialéctica se mantiene cabeza abajo, había que ponerla sobre sus pies. Marx y Engels transfieren, a la realidad material la causa original de ese movimiento del pensamiento definido por Hegel y lo llama naturalmente dialéctico tomando su mismo término.

Piensan que Hegel acierta en decir que el pensamiento y el universo están en perpetuo cambio, pero que se engaña al afirmar que son los cambios en las ideas los que determinan los cambios en las cosas. Por el contrario, las cosas nos dan las ideas y estas se modifican porque las cosas sc han modificado.

Antiguamente se viajaba en diligencias. Hoy viajamos en ferrocarril. No porque tengamos la idea de viajar en ferrocarril existe éste medio de locomoción. Nuestras ideas se han modificado porque las cosas se han modificado.

Por lo tanto, evitaremos decir: "Marx y Engels poseían una parte del materialismo surgido del materialismo francés del siglo XVIII; por la otra la dialéctica de Hegel; luego, sólo les faltaba vincular uno a la otra".

Esta es una concepción simplista, esquemática, que olvida que los fenómenos son más complicados: es una concepción metafísica.

Marx y Engels tomarán, sin duda, la dialéctica de Hegel, pero la transformarán.

Capítulo II: Las leyes de la dialéctica. Primera ley: el cambio dialéctico

I. Qué se entiende por movimiento dialéctico

La primera ley de la dialéctica comienza por comprobar que "nada queda donde está, nada permanece como es" y que decir dialéctica es decir movimiento, cambio. Por consiguiente, cuando se habla de colocarse en el punto de vista dialéctico, quiere decir colocarse en el punto de vista del movimiento, del cambio: cuando queramos estudiar las cosas según la dialéctica, las estudiaremos en su *movimiento, en su cambio.*

He aquí una manzana. Tenemos dos medios de estudiar esta manzana: por una parte, desde el punto de vista metafísico; por la otra, desde el punto de vista dialéctico.

En el primer caso, daremos una descripción de este fruto, su forma, su color. Daremos sus propiedades, hablaremos de su gusto. Después, podremos comparar la manzana con una pera, ver sus semejanzas, sus diferencias y, por último, sacar la conclusión: una manzana es una manzana y una pera es una pera. Así se estudiaban las cosas antiguamente, y numerosos libros relatan de este modo estos estudios.

Si queremos estudiar la manzana colocándonos desde el punto de vista dialéctico, nos colocaremos desde el punto de vista del movimiento, no del movimiento de la manzana cuando rueda y se desplaza, sino del movimiento de su evolución. Entonces comprobaremos que la manzana madura no siempre ha sido como es. Antes era una manzana verde. Previamente a su condición de flor era un botón; y así nos remontaremos al estado del manzano en la época de la primavera Luego, la manzana no ha sido siempre una manzana, tiene una historia y por eso no permanecerá tal como es. Si cae, se pudrirá, se descompondrá; liberará sus semillas, que darán, si todo siguen su curso, un retoño, después un árbol. Si la manzana no siempre ha sido como es, no permanecerá tampoco en el mismo estado.

He aquí lo que se llama estudiar las cosas desde el punto de vista del movimiento. Es el estudio desde el punto de vista del pasado y del porvenir. Estudiando así, sólo se ve la manzana como una *transición* entre lo que era en el pasado y lo que será en el porvenir.

Para situar correctamente esta manera de ver las cosas, tomaremos aún dos ejemplos: la Tierra y la sociedad.

Colocándonos desde el punto de vista metafísico describiremos la forma de la Tierra y todos sus detalles. Comprobaremos que en su superficie hay mares, tierras, montañas. Estudiaremos la naturaleza del suelo colocándonos siempre desde el mismo punto de vista. Después, podremos comparar la Tierra con los otros planetas o con la Luna, y, por fin, sacaremos la conclusión de que la Tierra es la Tierra

Mientras que, desde el punto de vista dialéctico, al estudiar la historia de la Tierra, veremos que no siempre fue como es, que ha experimentado transformaciones y que, por consiguiente, la Tierra experimentará en el porvenir, de nuevo, otras transformaciones. Hoy debemos considerar, en este estudio de la Tierra, que ésta no es más que una transición entre los cambios pasados y los cambios por venir.

No es más que una transición en la cual los cambios que se efectúan son imperceptibles, aunque se produzcan en una escala mucho más grande que los que se efectúan en la maduración de la manzana

Veamos ahora el ejemplo de la sociedad, que interesa particularmente a los marxistas.

Aplicando nuestros dos métodos veremos que, desde el punto de vista metafísico, se nos dirá que siempre ha habido ricos y pobres. Se comprobará que hay grandes bancos, fábricas enormes. Nos darán una descripción detallada de la sociedad capitalista comparándola con las sociedades pasadas: feudal, esclavista, buscando las semejanzas y las diferencias y se dirá: La sociedad capitalista es como es.

Desde el punto de vista dialéctico veremos que la sociedad capitalista no siempre ha sido como es. Si comprobamos que han existido otras sociedades en el pasado, será para deducir de ello que la sociedad capitalista, como todas las sociedades, no es definitiva, sino que sólo es para nosotros, por el contrario, una realidad provisional, un estado de transición entre el pasado y el porvenir.

Vemos por estos ejemplos que considerar las cosas desde el punto de vista dialéctico es considerarlas en su mutabilidad, en su cambio; teniendo una historia en el pasado y debiendo tener una historia en el porvenir, teniendo un comienzo y debiendo tener un fin.

II. "Para la dialéctica no hay nada definitivo, absoluto, sagrado...

Esta filosofía dialéctica acaba con todas las ideas de una verdad absoluta y definitiva y de un estado absoluto de la humanidad congruente con aquella. Ante esta filosofía, no existe nada definitivo, absoluto, consagrado; en todo pone de relieve lo que tiene de caducidad y no deja en pie más que el proceso ininterrumpido del devenir y de lo transitorio (F. ENGELS L. Feuerbach).

He aquí una definición que subraya lo que acabamos de ver y que vamos a estudiar.

"Para la dialéctica no hay nada definitivo". Esto quiere decir que, para la dialéctica, cada cosa tiene un pasado y tendrá un porvenir; que, por consiguiente, no es así de una vez por todas, y lo que ella es hoy no es definitivo (ejemplos de la manzana, la Tierra, la sociedad).

Para la dialéctica no hay poder en el mundo ni más allá del mundo que pueda fijar las cosas en un estado definitivo; por tanto, "nada es absoluto". *(Absoluto* quiere decir que no está sometido a ninguna condición, por lo tanto, que es universal, eterno, perfecto).

"Nada consagrado". Esto no quiere decir que la dialéctica lo desprecie todo. ¡No! Sagrado quiere decir que ciertos casos que se consideran como inmutables, no se deben tocar ni discutir, sino sólo venerar. La sociedad capitalista es "sagrada", por ejemplo. ¡Y bien! La dialéctica dice que nada escapa al cambio, al movimiento, a las transformaciones de la historia.

"Caducidad" procede de caduco, que quiere decir: que cae. Una cosa caduca es una cosa que debe envejecer y desaparecer. La dialéctica nos demuestra que lo que es caduco ya no tiene razón de ser, que todo está destinado a aparecer. Lo que es joven se hace viejo; lo que hoy tiene vida, muere mañana, y nada existe, para la dialéctica, "más que el proceso ininterrumpido del devenir y de lo transitorio".

Así, pues, colocarse desde el punto de vista dialéctico, es considerar que nada es eterno, salvo el cambio. Es considerar que ninguna cosa particular puede ser eterna salvo el "devenir".

Pero ¿qué es el "devenir" del que habla Engels en su definición?

Hemos visto que la manzana tiene una historia. Tomemos por ejemplo un lápiz, que también tiene su historia.

Este lápiz que está usado hoy, ha sido nuevo. La madera con que está hecho procede de una tabla y esa tabla procede de un árbol. Por consiguiente, la manzana y el lápiz tienen una historia cada uno, y que uno y otro no siempre han sido lo que son. Pero, ¿hay una diferencia entre esas dos historias? Sin duda

La manzana verde ha madurado. ¿Podía, siendo verde, si todo sigue su curso normal, no madurar? No, ella debía madurar, así como, cayendo a la tierra, debía podrirse, descomponerse, liberar sus semillas.

Mientras que el árbol de donde procede el lápiz puede no transformarse en tabla y esta tabla puede no transformarse en lápiz. En cuanto al lápiz, puede permanecer entero, no ser cortado.

Vemos, entre esas dos historias, una diferencia. En lo que respecta a la manzana, es la manzana verde que se *transforma* en madura, si no se produce nada anormal, y es la flor que se ha transformado en manzana: Dada una fase, la otra le sucede *necesariamente,* inevitablemente (si nada detiene la evolución).

En la historia del lápiz, por el contrario, el árbol puede no transformarse en una tabla, la tabla puede no transformarse en un lápiz, y el lápiz puede no ser cortado. Así, dada una fase la otra fase *puede no seguir.* Si la historia del lápiz recorre todas estas fases es gracias a una intervención extraña.

En la historia de la manzana encontramos fases que *se suceden* derivando de la primera a la segunda fase, etc.

Sigue el "devenir" de que habla Engels. En la del lápiz las fases se *yuxtaponen,* sin derivar una de otra. Es que la manzana sigue un proceso natural.

III. El procceso

(Palabra que procede del latín *"procesus"* y que quiere decir marcha adelante o ir adelante).

¿Por qué la manzana verde se pone madura? Por lo que contiene a causa de los encadenamientos internos que impulsan la manzana a madurar: *porque como era manzana antes de estar madura, no podrá dejar de madurar.*

Cuando se examina la flor que será manzana, después la manzana verde que se pondrá madura, se comprueba que esos encadenamientos internos que impulsan la manzana en su evolución obran bajo el imperio de fuerzas internas llamadas el autodinamismo, lo que quiere decir, fuerza que procede del ser mismo.

Cuando el lápiz era todavía tabla, fue necesaria la intervención del hombre, porque nunca la tabla se habría transformado por sí misma en lápiz. Sólo ha habido fuerzas internas ni autodinamismo, ni *proceso.* Luego, quien dice dialéctica dice no sólo movimiento; quien dice dialéctica, dice también autodinamismo.

Vemos, por tanto, que el movimiento dialéctico contiene en él el *proceso,* el autodinamismo, que es lo esencial. Porque no todo movimiento o cambio es dialéctico. Si tomamos una pulga, a la que vamos a estudiar desde el punto de vista dialéctico, diremos que no siempre ha sido lo que es y que no será siempre lo que es; si la aplastamos, se producirá en ella un cambio, sin duda, pero este cambio, ¿será dialéctico? No. Sin nosotros, no se habría aplastado. Este cambio no es dialéctico, sino *mecánico.*

Debemos prestar mucha atención, cuando hablamos del cambio dialéctico. Pensamos que si la Tierra continúa existiendo, la sociedad capitalista será reemplazada por la sociedad socialista; después por la comunista. Será un cambio dialéctico. Pero si la Tierra salta, la sociedad capitalista desaparecerá no por un cambio autodinámico, sino por un cambio mecánico.

En otro orden de ideas, decimos que hay una disciplina mecánica cuando esta disciplina no es natural. Pero es autodinámica cuando es libremente consentida, es decir, que procede de su medio natural. Una disciplina mecánica es impuesta desde afuera. Es una disciplina que procede de jefes diferentes de los que dominan, y comprendemos que la disciplina no mecánica, la disciplina autodinámica, no está al alcance de todas las organizaciones.

Por consiguiente, debemos evitar servirnos de la dialéctica de una manera mecánica. Esta es una tendencia que procede de nuestro hábito metafísico de pensar. No debemos repetir como un loro que las cosas no siempre han sido lo que son. Cuando un dialéctico dice esto, debe investigar en los hechos que han sido antes las cosas. Decirlo no es el fin de un razonamiento sino el comienzo de estudios para observar minuciosamente qué han sido antes las cosas.

Marx, Engels y Lenin han hecho estudios extensos y precisos sobre lo que ha sido la sociedad capitalista antes que ellos. Han observado los detalles más pequeños para notar los cambios dialécticos. Para criticar y ver los cambios de la sociedad capitalista, para describir el periodo imperialista, Lenin ha hecho estudios muy precisos y consultado numerosas estadísticas.

Cuando hablamos de autodinamismo, nunca debemos tomarlo como frase literaria; sólo debemos emplear esa palabra a sabiendas y para los que la comprenden totalmente.

Después de haber visto, estudiando una cosa, cuales son los cambios autodinámicos y haber notado qué cambios se han operado, hay que estudiar, investigar por qué razón es autodinámico.

Por eso la dialéctica, las investigaciones y las ciencias están estrechamente vinculadas.

La dialéctica no es un medio para explicar y conocer las cosas sin haberlas estudiado, sino el medio de estudiar bien y hacer buenas observaciones investigando el comienzo y el fin de las cosas, de dónde proceden y adónde van.

Capítulo III: Segunda ley: la ley de la acción recíproca

I. El encadenamiento de los procesos

Acabamos de ver, a propósito de la historia de la manzana, lo que es el *proceso.* Volvamos a ese ejemplo. Hemos investigado de dónde procede la manzana y, para nuestras investigaciones, hemos tenido que remontamos hasta el árbol. Pero este problema de investigación se plantea también para el árbol. El estudio de la manzana nos conduce al estudio de los orígenes y de los destinos del árbol. ¿De dónde procede el árbol? De la manzana. Procede de una manzana que ha caído, que se ha podrido en la tierra para dar nacimiento a un retoño, y esto nos lleva a estudiar el terreno, las condiciones en las cuales las semillas de la manzana han podido dar un retoño, las influencias del aire, del Sol, etc. Así, partiendo del estudio de la manzana hemos llegado al examen del suelo, pasando del *proceso* de la manzana al del árbol, *proceso* que se encadena a su vez al del suelo. Tenemos lo que se llama "un encadenamiento de *procesos*". Lo cual nos permitirá enunciar y estudiar esta segunda ley de la dialéctica: la ley de la acción recíproca. Tomemos como ejemplo de encadenamiento de *procesos,* después del ejemplo de la manzana, el de la Universidad Obrera de París.

Si estudiamos esta escuela desde el punto de vista dialéctico investigaremos de dónde procede y tendremos, en primer lugar, una respuesta: en el año de 1932, los camaradas reunidos han decidido fundar en París una Universidad Obrera para estudiar el marxismo.

Pero ¿cómo ha tenido la idea de hacer estudiar el marxismo ese comité? Evidentemente porque el marxismo existe. Pero entonces, ¿de dónde procede el marxismo?

Vemos que la investigación de encadenamiento de *procesos* nos lleva a estudios minuciosos y completos. Buscando de dónde procede el marxismo, vemos que esta doctrina es la conciencia misma del proletariado: vemos (esté uno por o contra del marxismo) que el proletariado existe, y entonces planteamos de nuevo esta cuestión: ¿de dónde procede el proletariado?

Sabemos que procede de un sistema económico, el capitalismo. Sabemos que la división de la sociedad en clases, de la lucha de clases no han nacido del marxismo, como lo pretenden nuestros adversarios; sino, por el contrario, que el marxismo, en la parte que trata de cosas sociales" *comprueba* la existencia de esta lucha de clases y extrae su fuerza del proletariado.

Luego, de *proceso* en *proceso,* llegamos al examen de las condiciones de existencia del capitalismo y tenemos así un encadenamiento de *procesos* que nos demuestra que todo influye sobre todo. Es *la ley de acción recíproca.*

En conclusión, con estos dos ejemplos, el de la manzana y el de la Universidad Obrera de París, veamos cómo habría procedido un metafísico.

En el ejemplo de la manzana, no habría podido menos que pensar: "¿de dónde procede la manzana?" Y habría quedado satisfecho con la respuesta: "la manzana procede del árbol". No habría investigado más lejos.

Con respecto a la Universidad Obrera, se habría conformado con decir, acerca de su origen, que fue fundada por un grupo de hombres que quieren corromper al pueblo francés.

Pero el dialéctico ve todos los encadenamientos de procesos que culminan, por una parte, a la manzana, y por otra, a la Universidad Obrera.

El dialéctico relaciona el hecho particular, el detalle con el conjunto. Relaciona la manzana con el árbol y se interna más lejos, hasta la naturaleza.

La manzana es no sólo el fruto del manzano, sino también el fruto de toda la naturaleza.

La Universidad Obrera no es sólo el "fruto" del proletariado sino también el "fruto" de toda la sociedad capitalista.

Por tanto, vemos que, contrariamente al metafísico, que concibe el mundo como un conjunto de cosas fijas, el dialéctico verá el mundo como un conjunto de procesos, y si el punto de vista dialéctico es verdadero para la naturaleza y para las ciencias, también es verdadero para la sociedad.

> El viejo método de investigación y depuramiento que Hegel llama "metafísico", método que se ocupaba preferentemente de la investigación de los *objetos* como algo hecho y fijo, y cuyos residuos embrollan todavía con bastante fuerza las cabezas, tenía en su tiempo una gran razón histórica de ser. (F. Engels)

Por consiguiente, en aquella época se estudiaban todas las cosas y la sociedad como conjuntos de "objetos fijos dados" que no sólo no cambian, sino que, particularmente para la sociedad, no están destinados a desaparecer.

Engels señala:

> La gran idea cardinal de que el mundo no puede concebirse como un conjunto de objetos terminados, sino como un conjunto de *procesos,* en el que las cosas que parecen estables al igual que sus reflejos mentales en nuestras cabezas, los conceptos, pasan por una serie ininterrumpida de cambios, por un proceso de génesis y caducidad, a través de los cuales, pese a todo su aparente carácter fortuito y a todos los retrocesos momentáneos se acaba imponiendo siempre una trayectoria progresiva.

La sociedad capitalista no debe considerarse tampoco como un "complejo de cosas acabadas", sino, por el contrario, debe estudiarse, también, como un complejo de *procesos.*

Los metafísicos se dan cuenta que la sociedad capitalista no ha existido siempre y dicen que tiene una historia, pero creen que, con su aparición, la sociedad ha terminado de evolucionar y permanecerá en adelante "fija". Consideran todas las cosas como acabadas y no como el comienzo de un mero *proceso.* El relato de la creación del mundo por Dios es una explicación del mundo como complejo de cosas acabadas. Dios ha realizado cada día una tarea *acabada.* Ha hecho las plantas, los animales, el hombre, una vez por todas; de ahí la historia del fijismo. La dialéctica juzga de una manera opuesta. No considera las cosas como "objetos fijos", sino en "movimiento".

Para ella, nada está acabado, es siempre el fin de un proceso y el comienzo de otro proceso, siempre en vías de transformación, de desarrollo. Por eso estamos tan seguros de la transformación de la sociedad capitalista en sociedad socialista, porque nada está definitivamente acabado. La sociedad capitalista es el fin de un proceso al cual sucederá la sociedad socialista, después la sociedad comunista, y así sucesivamente; habrá un continuo desarrollo.

Pero aquí hay que prestar atención para no considerar la dialéctica como algo fatal, de donde se podría sacar la conclusión que: "Puesto que estáis tan seguros del cambio que deseáis, ¿por qué lucháis?" Porque, como dice Marx, "para el parto de la sociedad *socialista* se necesitará un "partero", de donde la necesidad de la revolución.

Es que las cosas no son tan simples. No hay que olvidar el papel de los hombres que pueden hacer avanzar o retrasar esta transformación. (Veremos tal cuestión en el capítulo V de esta parte cuando hablemos del "materialismo histórico").

Lo que comprobamos actualmente, es la existencia en todas las cosas, de encadenamiento de los procesos que se producen por la fuerza interna de ellas mismas (el autodinamismo). Es que, para la dialéctica —insistimos en ello—, *nada está acabado.* Hay que considerar el movimiento del desarrollo de las cosas como si nunca tuvieran escena final. Cuando termina una obra de teatro del mundo, comienza el primer acto de otra pieza.

II. Los grandes descubrimientos del siglo XIX

Sabemos que lo que ha determinado el abandono del espíritu metafísico y que ha obligado a los sabios, desde Marx y Engels, a considerar las cosas en su movimiento dialéctico, son los descubrimientos hechos en el siglo XIX. Sobre todo tres grandes descubrimientos señalados por Engels en su libro *Ludwig Feuerbach,* han hecho progresar la dialéctica.

1. *El descubrimiento de la célula viva y de su desarrollo*

Antes de este descubrimiento se había tomado como base de razonamiento el "fijismo". Se consideraban las especies como extrañas unas a las otras. Además se distinguían categóricamente, por una parte, el reino animal, por la otra, el reino vegetal.

Después se produce el descubrimiento que permite precisar la idea de la "evolución", de la que los pensadores y los sabios del siglo XVIII ya habían hablado. Permite comprender que la vida es una sucesión de muertes y nacimientos y que todo ser vivo es una asociación de células. Esta comprobación no deja entonces ninguna frontera entre los animales y las plantas y rechaza de este modo la concepción metafísica.

2. *La transformación de la energía*

Antiguamente la ciencia creía que el sonido, el calor, la luz, por ejemplo, eran completamente extraños unos a otros. Se descubre que todos estos fenómenos pueden transformarse unos en otros, que hay un encadenamiento de *procesos* tanto en la materia *inerte* como en la naturaleza viva. Esta revelación es otra derrota del espíritu metafísico.

3. *El descubrimiento de la evolución en el hombre y en los animales*

Darwin —dice Engels— demuestra que todos los productos de la naturaleza son un largo *proceso* de desarrollo de pequeños gérmenes unicelulares originariamente: todo es el producto y un largo proceso que tiene su base en la célula.

Engels saca la conclusión de que, gracias a esos tres grandes descubrimientos, podemos seguir el encadenamiento entre los fenómenos de la naturaleza, no sólo en el interior de los diferentes dominios, sino también entre los diferentes dominios.

Son las ciencias, pues, las que han permitido el enunciado de esta segunda ley de la acción recíproca.

Entre los reinos vegetal, animal, mineral, no hay un corte, sino sólo *procesos;* todo se encadena. Y esto también se aplica a la sociedad. Las diferentes sociedades que han sucedido en la historia de los hombres deben considerarse como una serie de encadenamientos de *procesos* en los que uno surge necesariamente del que lo ha precedido.

Por tanto, debemos recordar esta observación: la *ciencia, la naturaleza, la sociedad* deben verse como un encadenamiento de *procesos,* y el motor que actúa para crear este encadenamiento es el *autodinamismo.*

III. El desarrollo histórico o en espiral

Si examinamos un poco más de cerca el *proceso* que comenzamos a conocer, vemos que la manzana es el resultado de un encadenamiento de *procesos.* ¿De dónde procede la manzana? La manzana procede del árbol. ¿De dónde procede el árbol? De la manzana. Podemos pensar, por tanto, que estamos en presencia de un círculo vicioso en el cual giramos para volver siempre al mismo punto. Árbol, manzana. Manzana, árbol. Lo mismo si tomamos el ejemplo del huevo y de la gallina. ¿De dónde procede el huevo? De la gallina ¿De dónde procede la gallina? Del huevo.

Si consideramos las cosas así, no se trataría de un proceso sino de un círculo, y esta apariencia ha dado, por otra parte, la idea del "retorno eterno". Es decir, que volveríamos siempre al mismo punto, al punto de partida.

Pero veamos exactamente cómo se plantea el problema:

1. Tenemos la manzana

2. Ésta, al descomponerse, da un árbol o varios árboles.

3. Cada árbol no da una manzana, sino muchas manzanas.

No volvemos al *mismo punto de partida,* volvemos a la manzana, pero desde otro plano.

Del mismo modo, si partimos del árbol tendremos:

1. Un árbol que da:

2. Manzanas, y estas manzanas darán:

3. *Muchos* árboles.

Así también volvemos al árbol, pero desde otro plano. El punto de vista se ha *extendido.*

No tenemos, por consiguiente, un círculo, como las apariencias tendían a hacer creer, sino un *proceso de desarrollo histórico.* La historia demuestra que el tiempo no pasa sin dejar huella. El tiempo pasa pero no vuelven los mismos desarrollos. El mundo, la naturaleza, la sociedad constituyen un desarrollo que es histórico, un desarrollo que, en lenguaje filosófico, se llama *"en espiral".*

Se usa esta imagen para fijar las ideas. Es una comparación que ilustra el hecho de que las cosas evolucionan según un *proceso* circular, pero no vuelven al punto de partida, vuelven un poco por encima, en otro plano; y, así sucesivamente, lo que da una espiral.

El mundo, la naturaleza, la sociedad, tienen un desarrollo histórico (en espiral), y lo que mueve este desarrollo es —no lo olvidemos— el autodinamismo.

IV. Conclusión

Acabamos de estudiar, en estos primeros capítulos sobre la dialéctica, las dos primeras leyes, la del cambio y la de la acción recíproca. Esto era indispensable para poder abordar el estudio de la ley de contradicción, porque ésta es la que va a permitirnos comprender la fuerza que mueve "el cambio dialéctico", la fuerza que impulsa el autodinamismo.

En el primer capítulo relativo al estudio de la dialéctica hemos visto por qué esta teoría durante mucho tiempo fue dominada por la concepción metafísica y por qué el materialismo del siglo XVIII era metafísico. Ahora comprendemos mejor, después de haber visto rápidamente los tres descubrimientos del siglo XIX que han permitido el desarrollo del materialismo para transformarse en dialéctico, por eso era necesario que la historia de esta filosofía atravesara por esos tres grandes períodos que conocemos:

1. materialismo de la antigüedad (teoría de los átomos);

2. materialismo del siglo XVIII (mecanicista y metafísico), para llegar, por último,

3. al materialismo dialéctico.

Habíamos afirmado que el materialismo nació de las ciencias y vinculado con ellas. Después de estos tres capítulos, podemos comprobar hasta qué punto es verdad. Hemos visto en este estudio del movimiento y del cambio dialécticos, después de esta ley de la acción recíproca, *que todos nuestros razonamientos están basados en las ciencias.*

Hoy que los estudios científicos están extremadamente especializados y que los sabios (ignorando en general el materialismo dialéctico) no pueden comprender a veces la importancia de sus descubrimientos particulares con relación al *conjunto* de las ciencias, el papel de la filosofía, cuya misión —lo hemos dicho— consiste en dar una explicación del mundo y de los problemas más generales, es la misión, en particular del materialismo dialéctico, de reunir todos los descubrimientos particulares de cada ciencia para hacer su síntesis y dar así una teoría que nos hace cada vez más "amos y poseedores de la naturaleza", como decía Descartes.

Capítulo IV:

Tercera ley: la contradicción

Hemos visto que la dialéctica considera las cosas como en perpetuo cambio, evolucionando continuamente, en una palabra, experimentando un movimiento dialéctico (la ley).

Este movimiento dialéctico es posible porque todo no es más que el resultado, en un momento dado, del encadenamiento de procesos, es decir, de una continuidad de fase que surgen unas de otras. También, hemos visto que este encadenamiento de procesos se desarrolla necesariamente, inevitablemente, en el tiempo, en un movimiento progresivo "a pesar de los desvíos momentáneos".

Hemos llamado a este desarrollo "desarrollo histórico" o "en espiral", y sabemos que este desarrollo se produce él mismo por autodinamismo.

Pero ¿cuáles son ahora las leyes del autodinamismo? ¿Cuáles son las leyes que permiten el surgimiento y continuidad de unas fases a otras? Es lo que se llama las "leyes del movimiento dialéctico".

La dialéctica nos enseña que las cosas no son eternas tienen un comienzo, una madurez, una vejez que termina por un fin.

Todas las cosas pasan por esas fases: nacimiento, madurez, vejez, fin. ¿Por qué ocurre así? ¿Por qué las cosas no son eternas?

Es una vieja cuestión que siempre ha apasionado a la humanidad. ¿Por qué hay que morir? No se comprende esta necesidad, y los hombres, en el transcurso de la historia, han soñado con la vida eterna y con los medios de cambiar de estadio de hecho, por ejemplo, en la Edad Media, creando bebidas (elixires de juventud o dc vida).

¿Por qué lo que nace obligatoriamente muere? Esta es una gran ley de la dialéctica que debemos confrontar, para comprenderla bien, con la metafísica.

I. La vida y la muerte

El punto de vista de la metafísica considera las cosas en forma aislada, como son en sí mismas. Al estudiarlas así, las considera desde un solo aspecto, de manera unilateral. Por eso se dice de las personas que ven solamente un aspecto de las cosas, que son metafísicos. En resumen, cuando un metafísico examina la vida, lo hace sin vincular este fenómeno con otro. Ve la vida por ella y en ella misma, de una manera unilateral; la ve en un solo aspecto. Si examina la muerte, hará lo mismo. Aplicará su punto de vista unilateral y sacará la conclusión de que la vida es la vida y la muerte es la muerte. Entre estos dos fenómenos nada común; no se puede estar a la vez vivo y muerto, porque son dos cosas opuestas, completamente contrarias una a la otra.

Ver las cosas de tal modo es verlas superficialmente. Si se las examina un poco más de cerca, se verá primero que no se puede oponer una a la otra, porque la muerte procede del ser vivo y, siendo así, no se puede separarlas tan brutalmente; porque la experiencia, la realidad, nos muestran que la muerte continúa la vida.

Y la vida ¿puede surgir de la muerte? Sí. Porque los elementos del cuerpo muerto se transforman para dar nacimiento a otras vidas, y servir de abono a la tierra, que será más fértil, por ejemplo. La muerte en muchos casos ayudará a la vida, la muerte permitirá que la vida surja, y ya hemos visto el ejemplo de los cuerpos vivos en los que la vida sólo es posible porque continuamente se reemplazan las células que mueren por otras que nacen.

Por tanto, la vida y la muerte se transforman continuamente, una en la otra, y si examinamos todas las cosas comprobamos la constancia de esta gran ley en todas partes: *las cosas se transforman en su contrario.*

II. Las cosas se transforman en su contrario

Si examinamos la verdad y el error pensamos: entre ellos no hay nada en común. La verdad es la verdad y el error es el error. Este es el argumento unilateral, que opone brutalmente los dos contrarios como se opondría la vida y la muerte.

Sin embargo, si decimos: "¡Mira cómo llueve!", ocurre a veces que no hemos terminado de decirlo cuando ya no llueve más. Esta frase era exacta cuando la comenzamos y se ha transformado en error (los griegos ya lo habían comprobado y decían que, para no engañarse, no había que decir nada).

Del mismo modo, volvamos al ejemplo de la manzana.

Se ve en el suelo una manzana madura y se dice: "He aquí una manzana madura". Sin embargo, está en el suelo desde hace un tiempo y ya comienza a descomponerse, de tal manera que la verdad se transforma en error.

Las ciencias nos dan numerosos ejemplos de leyes consideradas durante numerosos años como "verdades", que se revelan en cierto momento como "errores", debido a los progresos científicos.

Vemos pues, que la verdad se transforma en error, pero, ¿se transforma el error en verdad?

Al comienzo de la civilización, en Egipto, los hombres imaginan combates entre los dioses para explicar la salida y la puesta del Sol. Esto es un error en la medida en que se dice que los dioses impulsan o retiran el Sol; pero la ciencia nos explica ese razonamiento cuando nos habla de la existencia de fuerzas que hacen mover el Sol. Vemos, por tanto, que el error no se opone totalmente a la verdad.

¿Cómo es posible que las cosas se transformen en su contrario? ¿Cómo se transforma la vida en muerte?

Si la vida no fuera más que vida 100 por ciento, no podría nunca ser muerte, y si la muerte fuera siempre muerte 100 por ciento, sería imposible transformar la una en la otra. Pero hay muerte en la vida, y, por consiguiente, vida en la muerte.

Observando más detenidamente veremos que un ser vivo está compuesto de un sinnúmero de células que se renuevan, que desaparecen y reaparecen en el mismo lugar. Viven y mueren continuamente en un ser vivo, en el que hay vida y muerte.

Sabemos también que la barba de un muerto continúa creciendo. Lo mismo ocurre con las uñas y los cabellos. He aquí fenómenos netamente caracterizados que prueban que la vida continúa en la muerte.

En la Unión soviética se conserva, en condiciones especiales, sangre de cadáveres que sirve para hacer transfusiones de sangre: así, con sangre de un muerto, se repone un vivo. Podemos decir, en consecuencia, que la vida está en el seno de la muerte.

La vida no es pues, a su vez, más que una contradicción albergada en las cosas y en los fenómenos y que está produciendo y resolviendo incesantemente, al cesar la contradicción, cesa la vida y sobreviene la muerte.

Así, las cosas no sólo se transforman unas en otras, sino también una cosa no es sólo ella misma, sino otra que es su contrario, porque cada cosa contiene su contrario.

Cada cosa se contiene a la vez ella misma y su contrario.

Si se representa una cosa mediante un círculo, tendremos una fuerza que impulsará esta cosa hacia fuerzas de vida empujando desde el centro hacia el exterior, por ejemplo (extensión) pero tendremos también fuerzas que la impulsarán en dirección contraria, hacia fuerzas de muerte, empujando del exterior hacia el centro (compresión).

De este modo, en el interior de cada cosa, coexisten fuerzas opuestas, antagonismos.

¿Qué ocurre entre estas fuerzas? Luchan. Por consiguiente, una cosa no sólo es cambiada por una fuerza que actúa de un solo lado, sino que toda cosa es transformada realmente por dos fuerzas de direcciones opuestas. Hacia la afirmación y hacia la negación de las cosas, hacia la vida y hacia la muerte. ¿Qué quiere decir la afirmación y la negación de las cosas?

Hay en la vida fuerzas que mantienen la vida, que tienden hacia la afirmación de las fuerzas de la vida. Además hay también, en los organismos vivos, fuerzas que tienden hacia la negación. En todas las cosas hay fuerzas que tienden hacia la afirmación y otras que tienden hacia la negación, y entre la *afirmación y la negación* está la *contradicción.*

Por lo tanto, la dialéctica comprueba el cambio, pero ¿por qué cambian las cosas? Porque no están de acuerdo con ellas mismas, porque hay lucha entre las fuerzas, entre los antagonismos, porque hay contradicción. He aquí la tercera ley de la dialéctica: *Las cosas cambian porque contienen la contradicción.*

Si a veces nos vemos obligados a emplear palabras más o menos complicadas como dialéctica, autodinamismo, etc., o términos que parecen contrarios a la lógica tradicional y difíciles de comprender, no es que nos guste complicar las cosas a nuestro capricho e imitar en ello a la burguesía. No. Pero este estudio, aunque elemental, pretende ser lo más completo posible para que se lean después más fácilmente las obras filosóficas de Marx, Engels y de Lenin que emplean estos términos.

III. Afirmación, negación, negación de la negación

Debemos hacer aquí una distinción entre lo que se llama contradicción verbal, que significa que cuando se dice "sí", se responde "no", y la contradicción que acabamos de ver y que se llama contradicción dialéctica, es decir, contradicción *en los hechos,* en las cosas.

Cuando hablamos de la contradicción que existe en la sociedad capitalista, no quiere decir que unos digan sí y los otros no en ciertas teorías; quiere decir que hay una contradicción en los hechos, que hay fuerzas reales que se combaten: primero una fuerza que tiende a afirmar, es la clase burguesa que tiende a mantener su clase; después, una segunda fuerza social que tiende a la negación de la clase burguesa, es el proletariado. La contradicción está, por consiguiente, en los hechos, porque la burguesía no, puede existir sin crear su contrario, el proletariado. Como lo dijo Marx:

"Ante todo, la burguesía produce sus propios sepultureros" (*Manifiesto del Partido Comunista*).

Para impedirlo, la burguesía tendría que renunciar a sí misma lo que sería absurdo. Por lo que, afirmándose, crea su propia negación.

Si tomamos el ejemplo de un huevo que una gallina pone e incuba, vemos que en el huevo se encuentra el germen que a cierta temperatura y en ciertas condiciones, se desarrolla. Este germen, al desarrollarse, dará un pollito: este germen ya es la negación del huevo. Vemos con claridad que en el huevo hay dos fuerzas: la que tiende a que continúe siendo huevo y la que tiende a que se transforme en pollito. El huevo está, pues, en desacuerdo consigo mismo y todas las cosas están en desacuerdo con ellas mismas.

Esto puede parecer difícil de comprender, porque estamos habituados al razonamiento metafísico, y por eso debemos hacer un esfuerzo para habituarnos de nuevo a ver *las cosas en su realidad.*

Una cosa comienza por ser una *afirmación que surgen* de la *negación.* El pollito es una afirmación surgida de la negación del huevo. Esta es una fase del *proceso.* Pero la gallina será la transformación del pollito, y en esta transformación, habrá una contradicción entre las fuerzas que luchan para que el pollito se transforme en gallina. La gallina será, por tanto, la negación del pollito, que procedía a su vez de la negación del huevo.

Luego, la gallina es en ese caso, la negación de la negación. Y ésta es la marcha general de las fases de la dialéctica.

1. Afirmación, se llama también Tesis.
2. Negación o Antítesis.
3. Negación de la negación o Síntesis

En estas tres palabras está contenido el resumen del desarrollo dialéctico. Se las emplea para representar el encadenamiento de las fases, para indicar que cada fase es la destrucción de la precedente.

Si hay destrucción, decimos negación. El pollito es la negación del huevo, puesto que, al nacer, destruye el huevo. La espiga de trigo también es la negación del grano de trigo. El grano en tierra germinará; esta germinación es la negación del grano de trigo, que dará la planta y esta planta a su vez florecerá y dará una espiga; ésta será la negación de la planta o la negación de la negación.

Por consiguiente, vemos que la negación de que habla la dialéctica es una manera resumida de hablar de la destrucción. Hay negación de lo que desaparece, de lo que se destruye.

El socialismo será la negación del capitalismo.

El capitalismo es la negación del feudalismo.

El feudalismo fue la negación de la época esclavista

Lo mismo que para la contradicción, en la que hemos hecho una distinción entre contradicción verbal y lógica, debemos comprender bien qué es la negación verbal que dice "no" y la negación dialéctica que quiere decir "destrucción".

Pero si la negación quiere decir destrucción, no se trata de cualquier destrucción, sino de una destrucción dialéctica. Así, cuando aplastamos una pulga, ésta no muere por su propia destrucción, por negación dialéctica. Esta destrucción no es el resultado de fases autodinámicas: es el resultado de un cambio puramente mecánico.

La destrucción es una negación sólo si es un producto de la afirmación, si surge de ella.

Como el huevo incubado es la afirmación de lo que era el huevo, engendra su negación: se transforma en pollito y éste simboliza la destrucción, o la negación del huevo al picar la cáscara destruyéndola.

En el pollito notamos dos fuerzas adversas: "pollito" y "gallina"; en el transcurso de este desarrollo de procesos, la gallina pondrá huevos, de donde nueva negación de la negación. De estos huevos partirá entonces un nuevo encadenamiento de procesos.

Con respecto al trigo, vemos también una afirmación, después una negación y una negación de la negación.

Daremos, como otro ejemplo, el de la filosofía materialista.

Al principio, encontramos un materialismo primitivo, espontáneo, que por ser ignorante, crea su propia negación: el idealismo. Pero el idealismo que niega el antiguo materialismo, es negado por el materialismo moderno o dialéctico porque esta filosofía se desarrolla con las ciencias dando origen a la destrucción del idealismo. Por lo tanto, también aquí advertimos la afirmación, la negación y la negación de la negación.

Comprobamos, de igual modo, este ciclo en la evolución de la sociedad.

En la historia de la humanidad, tenemos como primera forma de sociedad el comunismo primitivo; sociedad sin clases, cuya base era el trabajo en común y la propiedad común de los rudimentarios instrumentos de trabajo. Pero esa primitiva forma de sociedad llega a convertirse en traba para un desarrollo más alto de la producción y por eso crea su propia negación; la sociedad con clases, basada en la propiedad privada y en la explotación del hombre por el hombre. Pero esta sociedad lleva también en sí misma su propia negación, porque el desarrollo superior de los medios de producción acarrea la necesidad de negar la división de la sociedad en clases, de negar la propiedad privada, y así volvemos al punto de partida: la necesidad de una sociedad comunista, pero en otro plano; al comienzo, carecíamos de productos, hoy tenemos una capacidad de producción muy elevada.

Observemos a este respecto que, con todos los ejemplos que hemos dado, volvemos al punto de partida, pero en otro plano (desarrollo en espiral), en un plano más elevado.

Vemos, pues, que la contradicción es una gran ley de la dialéctica. Que la evolución es una lucha de fuerzas antagónicas. Que las cosas no sólo se transforman unas en otras, sino también que todo se transforma en su contrario; las cosas no están de acuerdo con ellas mismas porque hay en ellas lucha entre fuerzas opuestas, porque hay contradicción interna.

Observación. Debemos prestar atención al hecho de que la afirmación, la negación, la negación de la negación no son más que un resumen de la evolución dialéctica y que no se trata de buscar o de ver en todas partes estas tres fases. Porque no las encontraremos siempre todas, sino a veces sólo la primera y la seguida, ya que la evolución no está terminada. No es correcto querer ver mecánicamente, en todas las cosas, estos cambios en la misma forma. Retengamos, sobre todo, que la contradicción es la gran ley de la dialéctica. Es lo esencial.

IV. Puntualicemos

Ya sabemos que la dialéctica es un método de pensar, de razonar, de analizar, que permite hacer buenas observaciones y estudiar bien, porque nos obliga a buscar la fuente de todo y a describir su historia.

Sin duda, el viejo método de pensar —lo hemos visto— ha sido necesario, a pesar de todo, en su época. Pero estudiar con el método dialéctico es comprobar —repitámoslo— que todas las cosas en apariencia inmóviles no son más que un encadenamiento de *procesos* en los que todo tiene un comienzo y un fin, y que en todas las cosas, *pese a todo su aparente carácter fortuito y a todos los retroceso momentáneos, se acaba imponiendo siempre una trayectoria progresiva (F. Engels, L. Feuerbach).*

Sólo la dialéctica nos permite comprender el desarrollo, la evolución de las cosas; sólo ella nos permite comprender la destrucción de las cosas viejas y el nacimiento de las nuevas. Sólo la dialéctica nos hace comprender todos los desarrollos en sus transformaciones conociéndolos como formados todos por contrarios. Porque, para la concepción dialéctica, el desarrollo natural de las cosas, la evolución, es una lucha continua de fuerzas y de principios opuestos.

Para la dialéctica, la primera ley es la comprobación del movimiento y el cambio: "Nada queda como es, nada queda donde está" (Engels), y esto es posible porque las cosas cambian no sólo transformándose unas en otras, sino transformándose en sus contrarios. La contradicción es, pues, una gran ley de la dialéctica. Hemos estudiado lo que es desde el punto de vista dialéctico la contradicción, pero tenemos que insistir aún para aportar ciertas precisiones y también para señalar ciertos errores que no deben cometerse.

Es muy cierto que, en primer lugar, debemos familiarizarnos con esta afirmación que está de acuerdo con la realidad: la transformación de las cosas en sus contrarios. Decirlo choca al entendimiento, nos asombra, porque estamos habituados a pensar con el viejo método metafísico. Pero hemos visto por qué es así; hemos visto de una manera detallada, por medio de ejemplos, que esto es así en la realidad y por qué las cosas se transforman en sus contrarios.

Por eso se puede decir y afirmar que, si las cosas se transforman, cambian, evolucionan, es porque están en contradicción con ellas mismas, porque llevan en sí su contrario, porque contienen en ellas *la unidad de los contrarios.*

V. La unidad de los contrarios

Cada cosa es una unidad de contrarios.

Afirmarlo parece al principio un absurdo. Una cosa y su contrario no tienen nada de común. Tal es lo que se piensa generalmente. Pero para la dialéctica, toda cosa es, al mismo tiempo, ella misma y su contrario, todas las cosas son una unidad de contrarios. Debemos explicarlo bien:

La unidad de los contrarios, para un metafísico, es impasible. Para él, las cosas son hechas de una sola pieza, de acuerdo con ellas mismas, y resulta que nosotros afirmamos lo contrario, es decir, que las cosas están hechas de dos piezas —ellas mismas y sus contrarios— y que en ellas hay dos fuerzas que se combaten porque las cosas no están de acuerdo con ellas mismas, porque se contradicen.

Si tomamos el ejemplo de la ignorancia y de la ciencia, es decir, del saber, establecemos que desde el punto de vista metafísico, hay dos cosas totalmente opuestas y contrarias una a la otra. El que es un ignorante no es un sabio y el que es un sabio no es un ignorante.

Sin embargo, si observamos los hechos, vemos que no dan lugar a una oposición tan rígida. Vemos que primero ha reinado la ignorancia; después llegó la ciencia; y verificamos que una cosa se transforma en su contrario: ignorancia se transforma en ciencia.

No hay ignorancia sin ciencia, no hay ignorancia 100%. Un individuo, por ignorante que sea, sabe reconocer, por lo menos, los objetos, su alimento; *nunca hay ignorancia absoluta;* siempre hay una parte de ciencia en la ignorancia. La ciencia está en la ignorancia; por consiguiente, es exacto afirmar que lo contrario de una cosa está en la cosa misma.

Veamos ahora la ciencia: ¿Puede haber en ella ciencia 100%? No. Lenin dice: "El objeto del conocimiento es inagotable"; lo que quiere decir que hay siempre algo qué aprender. *No hay ciencia absoluta.* Todo saber, toda ciencia, contiene una parte de ignorancia

Lo que existe en la realidad es una ignorancia y una ciencia *relativas,* una mezcla de ciencia y de ignorancia.

Lo que comprobamos en este ejemplo no es la *transformación* de las cosas en sus contrarios, sino la existencia, *en la misma cosa,* de los contrarios, o sea *la unidad de contrarios.*

Podríamos tomar nuevamente los ejemplos que ya hemos visto: la vida y la muerte, la verdad y el error, y comprobaremos que en uno y otro caso, como en todas las cosas, existe la unidad de los contrarios, es decir, que cada cosa contiene a la vez la cosa misma y su contrario. Por eso:

> Si en nuestras investigaciones nos colocamos siempre en este punto de vista, daremos al traste de una vez para siempre con el postulado de soluciones definitivas y verdades eternas; tendremos en todo momento la conciencia de que todos los resultados que obtengamos serán forzosamente limitados y se hallarán condicionados por las circunstancias en las cuales los obtenemos; pero ya no nos infundirán respeto esas antítesis irreductibles para la vieja metafísica todavía en boga: de lo verdadero y lo falso, lo bueno y lo malo, lo idéntico y lo distinto, lo necesario y lo fortuito; sabemos que

estas antítesis sólo tienen un valor relativo, que lo que hoy refutamos como verdadero encierra, también un lado falso, ahora ocultos pero que saldrá a la luz más tarde del mismo modo que lo que ahora reconocemos como falso guarda al lado verdadero, gracias al cual fue acatado como verdadero anteriormente.

Este texto de Engels nos muestra cómo hay que comprender la dialéctica y el sentido verdadero de la unidad, los contrarios.

VI. Errores que deben evitarse

Hay que explicar bien esta gran ley de la dialéctica que es la contradicción, para no crear malentendidos.

Primero, no hay que comprenderla de una manera mecánica. No hay que pensar que en todo conocimiento hay verdad más error o lo verdadero más lo falso.

Si esta ley se aplicara así, se daría razón a los que dicen que en todas las opiniones hay una parte de verdad más una parte falsa y que "si retiramos lo que es falso, quedará lo que es verdadero, lo que es bueno". Se sostiene esto en ciertos medios pretendidamente marxistas en los que se piensa que el marxismo acierta mostrando que en el capitalismo hay fábricas, trusts, bancos, que controlan la vida económica; que acierta diciendo que esta vida económica marcha mal; pero lo que es falso en el marxismo —se agrega— es la lucha de clases; si dejáramos de lado la teoría de la lucha de clases, tendríamos una buena doctrina Se dice también que el marxismo aplicado al estudio de la sociedad es exacto, es verdadero, pero ¿por qué mezclar en ello la dialéctica? Este es el lado falso: quitemos la dialéctica y conservemos como verdadero el resto del marxismo.

Tales son las interpretaciones mecánicas de la unidad de los contrarios.

He aquí un ejemplo más: Proudhon creía, después de haber leído esta teoría de los contrarios, que en cada cosa hay un lado bueno y un lado malo. Comprobando que en la sociedad existen la burguesía y el proletariado, decía: quitemos lo que es malo: el proletariado. Y así creó su sistema de los créditos que debían establecer la propiedad parcelaria, es decir, permitir a los proletarios transformarse en propietarios; de esta manera no habría más que burgueses y la sociedad sería buena.

Sabemos perfectamente, sin embargo, que no hay proletariado *sin* burguesía y que la burguesía no existe más que por el proletariado: son los dos contrarios inseparables. Esta unidad de los contrarios es interna, verdadera; es una unión inseparable. Y no basta, para suprimir los contrarios, separarlos uno de otro. En una sociedad basada en la explotación del hombre por el hombre existen obligatoriamente dos clases antagónicas: burguesía y proletariado.

Para suprimir la sociedad capitalista, para hacer la sociedad sin clases, hay que suprimir la burguesía y el proletariado, lo que permitirá a los hombres liberados crear una sociedad más evolucionada material e intelectualmente para marchar hacia el comunismo en su forma superior y no para crear, como pretenden nuestros adversarios, un comunismo "igualitario en la miseria".

Por lo tanto, debemos prestar mucha atención cuando explicamos o aplicamos a un ejemplo o a un estudio la unidad de los contrarios. Debemos evitar el querer encontrar, por todas partes y siempre, y aplicarla mecánicamente, por ejemplo, la negación de la negación; querer encontrar, por todas partes y siempre, la unidad de los contrarios, porque en general, nuestros conocimientos son muy limitados y esto puede llevarnos a un atolladero.

Lo que importa es este principio: la dialéctica y sus leyes nos obligan a estudiar las cosas para descubrir en ellas la evolución, las fuerzas, los contrarios que determinan esta evolución. Debemos estudiar, pues, la unidad de los contrarios contenida en las cosas, y esta unidad de los contrarios equivale a decir que una formación *nunca es una afirmación absoluta,* porque contiene en si misma una parte de negación. Y esto es lo esencial: *Las cosas se transforman porque contienen su propia negación.* La negación es el "disolvente"; si no lo tuvieran, las cosas no cambiarían. Como de hecho, las cosas se transforman, es muy necesario que contengan un principio disolvente. Por anticipado, podemos afirmar que existe, puesto que vemos las cosas evolucionar; pero no podemos descubrir este principio sin un estudio minucioso de la cosa misma, porque este principio no tiene el mismo aspecto en todas las cosas.

VII. Consecuencias prácticas de la dialéctica

La dialéctica nos obliga prácticamente, a ver las cosas en todos sus aspectos; a considerar siempre no un solo lado de las cosas, sino sus dos lados: no considerar nunca la verdad sin el error, la ciencia sin la ignorancia. El gran error de la metafísica consiste, justamente, en considerar solamente un lado de las cosas, en juzgar de una manera es unilateral; y si cometemos muchos errores, es siempre en la medida en que no vemos más que un lado de las cosas, es porque tenemos a menudo razonamientos unilaterales.

Si la filosofía idealista afirma que el mundo no existe más que en las ideas de los hombres, hay que reconocer que hay cosas que no existen en efecto más que en nuestro pensamiento. Es verdad. Pero el idealismo es unilateral, no ve más que este aspecto. Sólo ve al hombre que inventa cosas que no están en la realidad y saca la conclusión de que nada existe fuera de nuestras ideas. El idealismo está en lo justo subrayando esta facultad del hombre; pero, aplicando sólo el criterio de la práctica, no ve más que eso.

El materialismo metafísico se engaña también porque no ve más que un lado de los problemas. Ve el universo como una mecánica. ¿Existe la mecánica? ¡Sí! ¿Desempeña un gran papel? Sí. El materialismo metafísico está en lo justo al decirlo, pero es un error ver sólo el movimiento mecánico.

Naturalmente, nos inclinamos a no ver más que un solo lado de las cosas y de la gente. Si juzgamos a un camarada, casi siempre sólo vemos su lado bueno o su lado malo. Hay que ver uno y otro, sin lo cual no sería posible tener cuadros y organizaciones. En la práctica política el método de juicio unilateral termina en el sectarismo. Si encontramos un adversario perteneciente a una organización fascista, lo juzgamos según sus jefes. Y sin embargo, tal vez sólo es un simple empleado agriado, descontento, y no debemos juzgarlo como a un gran patrón fascista. Del mismo modo, se puede aplicar este razonamiento a los patrones y comprender que, si nos parecen malos, a menudo es porque están dominados ellos también por la estructura de la sociedad y que, *en otras condiciones sociales,* serían diferentes.

Si pensamos en la unidad de los contrarios, consideraremos muchos lados de las cosas. Por consiguiente, veremos que este fascista es fascista por un lado, pero por el otro es un trabajador y que hay en él una contradicción. Se investigarán y descubrirán las causas que motivaron su adhesión a esa organización y también, por qué no debió adherirse a ella. Y entonces juzgaremos y discutiremos de una manera menos sectaria.

Conforme a la dialéctica, debemos considerar las cosas desde todos los ángulos que se puedan ver.

Para resumir y como conclusión teórica, diremos: las cosas cambian porque encierran su contradicción interna (ellas mismas y sus contrarios). Los contrarios están en lucha y los cambios se producen a causa de estas luchas; así, el cambio es la *solución* del conflicto.

El capitalismo contiene esta contradicción interna, este conflicto entre el proletariado y la burguesía: el cambio se explica por este conflicto y la transformación de la sociedad capitalista en sociedad socialista es la solución del conflicto.

Hay cambio, movimiento, allí donde hay contradicción. La contradicción es la negación de la afirmación, y cuando se obtiene el tercer término, la negación de la negación aparece la solución, porque en ese momento se ha eliminado la razón de la contradicción.

Por lo tanto, se puede decir que si las ciencias: la química, la física, la biología, etc., estudian las leyes del cambio que les son particulares, la dialéctica estudia las leyes del cambio que les son generales. Engels dice:

La dialéctica quedaba reducida a la ciencia de las leyes generales del movimiento, tanto el del mundo exterior como el del pensamiento humano.

Capítulo V: Cuarta ley: Transformación de la cantidad en calidad o ley del progreso por saltos

Antes de abordar el problema de la aplicación de la dialéctica a la historia, nos queda ahora por estudiar una última ley de la dialéctica.

Esto nos será facilitado por los estudios que acabamos de hacer, en lo que hemos visto qué es la negación de la negación y qué se entiende por la unidad de los contrarios.

Como siempre, procederemos por ejemplos.

I. ¿Reformas o revolución?

Hablando de la sociedad, se dice: ¿Hay que proceder por reformas o hacer la revolución? Se discute para saber si se logrará transformar la sociedad capitalista en una sociedad socialista, mediante reformas sucesivas o por una transformación brusca, la revolución.

Ante este problema, recordemos lo que ya hemos estudiado. Toda transformación es el resultado de una lucha de fuerzas opuestas. Si una cosa evoluciona es porque contiene en sí misma su contrario, ya que cada cosa es una unidad de contrarios. Se comprueba la disputa de los contrarios y la transformación de la cosa en su contrario. ¿Cómo se hace esta transformación? Tal es el nuevo problema que se plantea.

Puede creerse que esta transformación se efectúa poco a poco, mediante una serie de pequeñas transformaciones, que la manzana verde se transforma en una manzana madura mediante una serie de pequeños cambios progresivos.

Mucha gente cree que la sociedad se transforma poco a poco y que el resultado de una serie de pequeñas transformaciones será la transformación de la sociedad capitalista en sociedad socialista. Estas pequeñas transformaciones son reformas y constituirán un total, una suma de pequeños cambios graduales que nos dará una sociedad nueva.

Esta es la teoría que se llama *reformismo.* Se llama reformistas a los que son partidarios de estas teorías, no porque reclamen reformas, sino porque creen que las reformas *bastan,* que acumulándose, deben transformar la sociedad *insensiblemente.*

Examinemos si es verdad:

1. *La argumentación política*

Si observamos los hechos, es decir, lo que ha pasado en los otros países, veremos que donde se ha ensayado ese sistema, no ha triunfado. La transformación de la sociedad capitalista —su destrucción— ha triunfado en un solo país: la URSS, y comprobamos que esto no ha sido como consecuencia de una serie de reformas sino por una revolución.

2. *La argumentación filosófica*

¿Es cierto, de una manera general, que las cosas se transforman por pequeños cambios, por reformas?

Veamos siempre los hechos. Si examinamos los cambios, veremos que no se producen *indefinidamente,* que no son continuos. Llega un momento en que, en lugar de pequeños cambios, el cambio tiene lugar mediante un salto brusco.

Tomemos el ejemplo de la Tierra. Comprobaremos que periódicamente ha tenido caminos bruscos, catástrofes. Se conoce, en el período que se llama la prehistoria, la época de los cazadores de renos. Éstos tenían una cultura primitiva, hacían vestidos con la piel de los renos que cazaban y se alimentaban con su carne.

Pero a poco, se producían cambios en la Tierra, un día se originó lo que la Biblia llama el diluvio y la ciencia el período de las lluvias torrenciales. La civilización de los cazadores de renos quedó destruida. Los sobrevivientes habitaron las cavernas y transformaron completamente su modo de vida.

Vemos, pues, que la Tierra y la civilización experimentaron un cambio brusco consecuencia de la catástrofe.

También es la historia de las sociedades comprobamos cambios bruscos, revoluciones.

Aun los que no conocen la dialéctica saben en nuestros días que en la historia se han producido cambios violentos. Pero hasta el siglo XVII se creía que "la naturaleza no da saltos". No se querían ver los cambios bruscos en la continuidad de los cambios, pero la ciencia intervino y demostró en los hechos que los cambios se producen bruscamente.

Hoy, los que no niegan estos cambios bruscos pretenden que son accidentes, es decir una cosa que ocurre y que hubiera podido no ocurrir.

Se explican así las revoluciones en la historia de las sociedades: "son accidentes".

Por ejemplo, se explica, desde el punto de vista de la historia de nuestro país, que la caída de Luis XVI y la Revolución Francesa ocurrieron porque Luis XVI era un hombre débil y blando. Si hubiera sido un hombre enérgico, no habríamos tenido la Revolución. Se lee también que si en Varennes no hubiera prolongado su comida, no lo habrían detenido y el curso de la historia hubiera cambiado. Por lo tanto, se dice que la Revolución Francesa es un accidente. La dialéctica, por el contrario, reconoce que las revoluciones son necesidades. Hay muchos cambios continuos, pero al acumularse se producen cambios bruscos.

3. *La argumentación científica*

Tomemos por ejemplo el agua: Partiendo de 0° y dejando subir la temperatura de 1°, 2º y 3º hasta 98º, el cambio es continuo, pero ¿puede seguir así indefinidamente?

Llegamos hasta los 99°, pero a los 100°, tenemos un cambio brusco: el agua *se transforma* en vapor.

Si de 99° descendemos hasta 1°, tendremos de nuevo un cambio continuo, pero no podríamos descender así indefinidamente, porque a 0° el agua se transforma en hielo.

De 1° a 99° el agua continúa siempre siendo agua, sólo cambia su temperatura. Es lo que se llama un *cambio cuantitativo* que responde a la pregunta: "¿Cuánto?", es decir "¿cuánto calor en el agua?" Cuando el agua se transforma en hielo o en vapor, tenemos un cambio *cualitativo,* un cambio de calidad. Ya no es agua, se ha transformado en hielo o en vapor.

Cuando la cosa no cambia de naturaleza, tenemos un cambio cuantitativo (en el ejemplo del agua tenemos un cambio de grado pero no de naturaleza). Cuando cambia, cuando la cosa se transforma en *otra* cosa, es un cambio cualitativo.

Vemos, pues, que la evolución de las cosas no puede ser indefinidamente cuantativas, porque las cosas que se transforman experimentan, en última instancia, un cambio cualitativo. La cantidad *se transforma en calidad.* Esta es una ley general; pero, como siempre, no hay que atenerse únicamente a esta fórmula abstracta.

En el libro de Engels, Anti-Dühring, en el capítulo "Dialéctica, cantidad y calidad" se encontrará un gran número de ejemplos que harán comprender que en todo, como en las ciencias de la naturaleza, se verifica la exactitud de la ley descubierta por Hegel en su *Lógica,* según la cual, al llegar a un cierto punto, los cambios puramente *cuantitativos* se truecan en diferencias cualitativas.

He aquí un nuevo ejemplo, citado por H. Wallon en el tomo VIII de la *Enciclopedia Francesa* (donde se remite a Engels), la energía nerviosa que se acumula en un niño provoca la risa; pero, si continúa aumentando, la risa se transforma en crisis de lágrimas; así cuando los niños se excitan y ríen demasiado fuerte, terminan llorando.

Daremos un último ejemplo bastante conocido: el del ciudadano que presenta su candidatura a un mandato cualquiera. Si necesita 4.500 votos para obtener la mayoría absoluta, el candidato no es elegido con 4.499 votos, continúa siendo un candidato. Con un voto más este cambio cuantitativo determina un cambio cualitativo, puesto que el que era un candidato se transforma en elegido.

Esta ley da la solución del problema: reforma o revolución.

Los reformistas nos dicen: "queréis cosas imposibles que sólo ocurren por accidente; sois utopistas". Pero, por esta ley, ¡podemos ver claramente quiénes son los que sueñan cosas imposibles! El estudio de los fenómenos de la naturaleza y de la ciencia nos muestra que los cambios no son indefinidamente continuos, sino que, en cierto movimiento, el cambio se vuelve brusco.

Entonces puede preguntarse: ¿qué papel desempeñamos en estas transformaciones bruscas?

Vamos a responder a esta cuestión y a desarrollar este problema mediante la aplicación de la dialéctica en la historia. Hemos llegado a una parte muy famosa del materialismo dialéctico:

II. El materialismo histórico

¿Qué es el materialismo histórico? Ahora que conocemos qué es la dialéctica, responderemos que es, simplemente, la aplicación de este método a la historia de las sociedades humanas.

Para comprenderlo bien, debemos indicar con precisión qué es la historia. Quien dice historia, dice cambio, y cambio en la sociedad. La sociedad tiene una historia y ésta cambia continuamente. Vemos producirse en ella grandes acontecimientos. Entonces se plantea este problema: puesto que en el transcurso de la historia las sociedades cambian, ¿qué es lo que explica estos cambios?

1. *¿Cómo explicar la historia?*

Se pregunta, por ejemplo: "¿Por qué razón es necesario que se produzcan nuevas guerras? ¡Los hombres deberían vivir en paz!"

Vamos a dar respuestas materialistas a estas cuestiones.

La guerra, explicada por un cardenal, es un castigo de Dios. Es la respuesta idealista, porque explica los acontecimientos por Dios. Es explicar la historia por el espíritu. El espíritu es aquí el que crea y hace la historia.

Hablar de la Providencia es, también, una respuesta idealista. Hitler, en *Mein Kampf,* nos dice que la historia es la obra de la Providencia y le agradece haber colocado el lugar de su nacimiento en la frontera austríaca.

Hacer a Dios responsable de la historia es una teoría cómoda: los hombres no pueden nada, y por consiguiente, nada pueden hacer contra la guerra, hay que dejar hacer. Desde el punto de vista científico, ¿podemos sostener semejante teoría? ¿Podemos encontrar en los hechos su justificación? No.

La primera afirmación materialista, en esta discusión es que la historia no es la obra de Dios, sino la *obra de los hombres.* Entonces los hombres pueden actuar sobre la historia y pueden impedir la guerra.

2. *La historia es la obra de los hombres*

> Los hombres hacen su historia. Cualquiera que sean los rumbos de ésta, al perseguir cada cual sus fines propios con la conciencia y la voluntad de lo que hacen; y la resultante de estas numerosas voluntades, proyectada en diversas dirección, y de su múltiple influencia sobre el mundo exterior, es precisamente la historia. Importa, pues, también lo que quieran los muchos individuos. La voluntad está movida por la pasión o por la reflexión. Pero los resortes que a su vez mueven directamente a éstos son muy diversos.
>
> ...Por otra parte, hay que preguntarse qué fuerzas propulsoras actúan, a su vez, detrás de esos móviles, qué causas históricas son las que en las cabezas de los hombres se transforman en estos móviles. (F. Engels)

Este texto de Engels nos dice que son los hombres los que actúan según sus voluntades, pero que éstas ¡no toman siempre la misma dirección! ¿Qué es lo que *determina,* qué es lo que produce, entonces, las acciones de los hombres? ¿Por qué sus voluntades no toman la misma dirección?

Algunos idealistas consentirán en decir que con las acciones de los hombres las que hacen la historia y que esta acción resulta de su voluntad: es la voluntad la que determina la acción y son nuestros pensamientos y nuestros sentimientos los que determinan nuestra voluntad.

Tendríamos, pues, el proceso siguiente: Idea-voluntad-acción y, para explicar la acción, seguiremos el sentido inverso, en búsqueda de la idea, causa determinante.

Indicamos en seguida que la acción de los grandes hombres y de las doctrinas no puede negarse, pero necesita ser explicada. No es el proceso acción-voluntad-idea el que lo explica. Así algunos pretenden que en el siglo XVIII Diderot y los enciclopedistas, divulgando en el público la teoría de los Derechos del Hombre, por sus ideas, sedujeron y ganaron la voluntad de los hombres que, en consecuencia, hicieron la revolución; del mismo modo, se han difundido en la URSS las ideas de Lenin, y la gente ha actuado conforme a estas ideas. Y se saca la conclusión de que si no hubiera habido ideas revolucionarias, no habría habido revolución. Este punto de vista hace decir que las fuerzas motrices de la historia son las ideas de los grandes jefes; que son ellos los que hacen la historia. Conocéis la fórmula de la Acción Francesa: "Cuarenta reyes ha hecho Francia"; se podría agregar: reyes que, sin embargo, ¡no tenían muchas "ideas"!

¿Cuál es el punto de vista materialista sobre la cuestión?

Hemos visto que entre el materialismo del siglo XVIII y el materialismo moderno había muchos puntos comunes, pero que el antiguo materialismo tenía de la historia una teoría idealista.

> Esta pregunta no se la había hecho jamás el antiguo materialismo. Por esto la interpretación de la historia, cuando la tiene es esencialmente pragmática, lo enjuicia todo con arreglo a los móviles de los actos, clasifica a los hombres que actúan en la historia en buenos y en malos, y luego comprueba que, por regla general, los buenos son los engañados y los malos los vencedores. De donde se sigue para el viejo materialismo, que el estudio de la historia nos arroja enseñanzas muy edificantes y para nosotros que en el campo histórico este viejo materialismo se hace traición a sí mismo, puesto que acepta como últimas causas los móviles ideales que allí actúan, en vez de indagar detrás de ellos cuáles son los móviles de esos móviles. La inconsecuencia no estriba precisamente en admitir móviles ideales, sino en no remontarse, partiendo de ellos, hasta sus causas determinantes. (F. Engels)

Por consiguiente, ya sea francamente idealista o disimulada tras un materialismo inconsecuente, esta teoría idealista que acabamos de ver y que parece explicar la historia no explica nada. Porque, ¿quién provoca la acción? La voluntad, las ideas se dice. Pero ¿por qué los filósofos del siglo XVIII han tenido precisamente estas ideas?

Si hubieran tratado de explicar el marxismo no los habrían escuchado, porque en esa época la gente no habría comprendido. No cuenta sólo el hecho de que se viertan ideas, también es necesario que sean comprendidas; en consecuencia, hay épocas determinadas para aceptar las ideas y también para forjarlas.

Siempre hemos dicho que las ideas tienen una gran importancia, pero debemos ver de dónde proceden.

Por lo tanto, debemos investigar cuáles son las causas que nos dan estas ideas, cuales son, en última instancia, las fuerzas motrices de la historia.

Quinta parte
El materialismo histórico

Capítulo I: Las fuerzas motrices de la historia

Apenas se plantea esta cuestión, ¿de dónde proceden las ideas?, vemos que es necesario ir más lejos en nuestras investigaciones. Si razonamos como los materialistas del siglo XVIII, que creían que "el cerebro segrega el pensamiento como el hígado segrega la bilis", responderemos a esta cuestión diciendo que la Naturaleza es la que produce el espíritu y que, por consiguiente, nuestras ideas son el producto de la naturaleza, que son producto del cerebro.

Por tanto, se dirá, que la historia se hace por la acción de los hombres impulsados por su voluntad, pues esta es la expresión de sus ideas, que a su vez proceden de su cerebro. Pero, ¡atención!

I. Un error que debe evitarse

Si explicamos que la Revolución Francesa es el resultado de la aplicación de las ideas nacidas del cerebro de los filósofos, ésta será una explicación limitada, insuficiente y una mala aplicación del materialismo.

Porque lo que hay que ver es *por qué* estas ideas lanzadas por los pensadores de esta época fueron aceptadas por las masas. ¿Por qué Diderot no era el único en concebirlas y por qué razón, desde el siglo XVI, una gran mayoría de cerebros elaboraban las mismas ideas?

¿Es porque los cerebros han tenido el mismo peso, las mismas circunvoluciones? No. Hay cambios en las ideas y no se produce cambio en la caja craneana.

Esta explicación de las ideas por el cerebro *parece* ser una explicación materialista. Pero hablar del cerebro de Diderot es, en realidad, hablar de las ideas del cerebro de Diderot; es por tanto, una teoría materialista falseada y exagerada en la que vemos renacer, con las ideas, la tendencia idealista.

Volvamos al encadenamiento historia-acción-voluntad-ideas. Las ideas tienen un sentido, un contenido: la clase obrera, por ejemplo, lucha por el derrocamiento del capitalismo. Los obreros en su lucha piensan esto. Lo piensan porque tienen un cerebro, naturalmente, y el cerebro es, pues, una *condición necesaria* para pensar; pero no la condición *suficiente.* El cerebro explica el hecho material de tener ideas, pero no explica que se tengan estas ideas en lugar de tener otras.

> No se puede en modo alguno evitar que todo cuanto mueve al hombre, tenga que pasar necesariamente por su cabeza, hasta el comer y el beber, procesos que comienzan con la sensación de hambre y sed transmitida por el cerebro y terminan con la sensación de satisfacción, transmitida por la misma vía. (F. Engels)

¿En tal caso, cómo podemos explicar el contenido de nuestras ideas, es decir, cómo llegarnos a la idea de derrocar el capitalismo?

II. El "ser social" y la conciencia

Sabemos que nuestras ideas son el reflejo de las cosas; los fines que contienen nuestras ideas también son el reflejo de las cosas, pero ¿de qué cosas?

Para responder hay que saber dónde están los hombres y dónde se manifiestan sus ideas. Comprobamos que los hombres viven en una sociedad capitalista y que sus ideas se manifiestan en esta sociedad y proceden de ella.

No es la conciencia del hombre la que determina su ser, sino, por el contrario, el ser social es lo que determina su conciencia.

En esta definición, lo que Marx llama su "ser", son hombres, lo que somos; la "conciencia" es lo que pensamos, lo que queremos.

Luchamos por un ideal profundamente arraigado en nosotros, se dice de una manera general, y resulta de ello que es nuestra *conciencia* la que determina nuestro ser actuamos porque lo pensamos, porque lo queremos.

Es un gran error hablar así, porque, en realidad, es nuestro *ser social* el que determina nuestra conciencia.

Un "ser" proletario *piensa* como proletario y un "ser" burgués *piensa* como burgués (veremos en adelante por qué siempre es así). Pero de manera general," en un palacio se piensa de otro modo que en una cabaña" (F. Engels).

III. Teorías idealistas

Los idealistas dicen que un proletario o un burgués son uno u otro porque piensan como uno u otro.

Decimos, por el contrario, que si piensan como un proletario o como un burgués, es *porque son* uno u otro.

Un proletario tiene una conciencia de clase porque es proletario.

Lo que debemos destacar bien es que la teoría idealista comporta una consecuencia práctica. Si se es burgués —se dice— es porque piensa como burgués; luego, para no serlo basta con cambiar la manera de pensar y, para hacer terminar la explotación burguesa, basta con realizar un trabajo de *convicción* ante los patrones. Esta es una teoría sostenida por los socialistas cristianos; fue también la de los fundadores del socialismo utópico.

Pero también es la teoría de los fascistas que luchan contra el capitalismo no para suprimirlo, sino para hacerlo más "razonable". Cuando los patrones comprendan que explotan a los obreros —dicen— no lo harán más. He aquí una teoría completamente idealista cuyos peligros son visibles.

IV. El "ser social" y las condiciones de existencia

Marx nos habla del "ser social". ¿Qué entiende por eso? El "ser social" está determinado por las condiciones de existencia material en las cuales viven los hombres en la sociedad.

No es la conciencia de los hombres la que determina sus condiciones materiales, sino son las condiciones materiales de vida las que determinan su conciencia.

¿A qué se llama condiciones de existencia material? En la sociedad hay ricos y pobres, y su manera de pensar es diferente, sus ideas sobre un mismo tema son diferentes. Usar el tranvía, para un pobre, un desocupado, es un lujo, y para un rico que ha tenido coche es una prueba de decadencia.

Las ideas del pobre sobre el tranvía ¿las posee porque es pobre, o las posee porque toma el tranvía? Porque es pobre. Ser pobre es su condición de existencia.

Entonces, hay que investigar *por qué* hay ricos y pobres para poder explicar las condiciones de existencia de los hombres.

Un grupo de hombres con las mismas condiciones de existencia forma una *clase,* pero la noción de clase no se reduce a la de riqueza o pobreza. Un proletario puede ganar más que un burgués, y no por eso es menos proletario, porque depende de un patrón y porque su vida no está *asegurada* ni es *independiente.* Las condiciones materiales de existencia no están constituidas sino por el dinero ganado, sino por la *función social,* y entonces tenemos el encadenamiento siguiente: Los hombres hacen su historia por su acción según su *voluntad,* que es la expresión de *sus ideas.* Estas proceden de sus condiciones de existencia material, es decir, de su pertenencia a una *clase.*

V. Las luchas de clases, motor de la historia

Los hombres actúan porque tienen ciertas ideas. Tienen estas ideas a causa de su existencia material, porque están en una u otra clase. Esto no quiere decir que en la sociedad haya sólo dos clases; hay una cantidad de clases entre las que principalmente dos están en lucha: burguesía y proletariado.

La sociedad está dividida en clases que luchan una contra otra. Así se observan las ideas que los hombres tienen en la sociedad, se comprueba que estas ideas están pugna y bajo estas ideas encontramos las clases que también están en pugna.

Por consiguiente, las fuerzas motrices de la historia, es decir, *lo que explica la historia, es la lucha de clases.*

Si tomamos como ejemplo el déficit permanente del presupuesto, vemos que hay dos soluciones, una que consiste en continuar lo que se llama la ortodoxia financiera: economías, préstamos, nuevos impuestos, etc., y la otra solución que consiste en hacer pagar a los ricos.

Advertimos una lucha política alrededor de estas ideas y, de una manera general, se "lamenta" que no sea posible ponerse de acuerdo al respecto; pero el marxista quiere comprender y buscar lo que se halla bajo la lucha política; encuentra entonces la lucha social, es decir, la lucha de clases. Lucha entre los que son partidarios de la primera solución (los capitalistas) y los partidarios de hacer pagar a los ricos (las clases medias y el proletariado).

> En la historia moderna, al menos, queda demostrado, por tanto, que todas las luchas políticas son luchas de clases y que todas las luchas de emancipación de clases. Pese a su inevitable forma política, pues toda lucha de clases es una lucha política, giran, en último término, en torno a la emancipación económica. Por consiguiente, aquí por lo menos, el Estado, el régimen político, es el elemento subalterno, y la sociedad civil el reino de las relaciones económicas, lo principal.

Tenemos así un eslabón que agregar al encadenamiento que conocemos para explicar la historia; tenemos: la acción, la *voluntad,* las ideas bajo las cuales se encuentran las *clases* y detrás de las clases se encuentra la *economía. Así, pues, sin duda, las luchas de clases explican la historia, pero la economía determina las clases.*

Si queremos explicar un hecho histórico, debemos ver cuáles son las ideas en lucha, buscar las clases bajo las ideas, y ver por último el modo económico que caracteriza las clases.

Se puede preguntar aún de dónde proceden las clases y el modo económico (y los dialécticos no temen plantear todas estas cuestiones sucesivas porque saben que hay que encontrar la fuente de todo). Es lo que estudiaremos en detalle en el próximo capítulo, pero desde ahora podemos decir:

Para saber *de dónde* proceden las clases, hay que estudiar la historia de la sociedad y se verá que las clases no siempre han sido las mismas. En Grecia, los esclavos y los amos. En la Edad Media, los siervos y los señores. Después, simplificando esta enumeración, la burguesía y el proletariado.

Comprobamos en este cuadro que las clases cambian y si investigamos el por qué cambian, veremos que las *condiciones económicas* han cambiado (las condiciones económicas son: la estructura de la producción, de la circulación, de la repartición, del consumo de las riquezas y, como última condición de todo lo demás, la *manera* de producir, la técnica).

He aquí ahora un texto de Engels:

> Tanto la burguesía como el proletariado debían su nacimiento al cambio introducido en las condiciones económicas, o más concretamente, en el modo de producción. El tránsito del artesanado gremial a la manufactura, primero, y luego de ésta a la gran industria, basada en la aplicación del vapor y de las máquinas fue lo que hizo que se desarrollasen estas dos clases.

Por consiguiente, vemos en última instancia, que las fuerzas motrices de la historia se dan por el encadenamiento siguiente:

a) La historia es obra de los *hombres.*

b) La acción que hace la historia está determinada por su *voluntad.*

c) Esta voluntad es la expresión de sus ideas.

d) Estas ideas son el reflejo de las *condiciones sociales* en las cuales viven.

e) Son estas condiciones sociales las que determinan las *clases* y sus luchas.

f) Las clases son determinadas a su vez por las *condiciones económicas.* Para establecer con precisión cuáles son las formas y en qué condiciones se desarrolla este encadenamiento, decimos que:

1. Las ideas se traducen en la vida en un plano político.

2. Las *luchas de clases* que se encuentran detrás de las ideas se traducen en un *plano social.*

3. Las *condiciones económicas* se traducen en el *plano económico.*

Capítulo II:

¿De dónde proceden las clases y las condiciones económicas?

Hemos visto que las fuerzas motrices de la historia son, en última instancia, las clases y sus luchas determinadas por las *condiciones económicas.*

Esto ocurre por el encadenamiento siguiente: Los hombres tienen ideas que los hacen actuar. Estas ideas nacen de las condiciones de existencia material en las cuales viven. Estas condiciones de existencia material están determinadas por el lugar social que ocupan en la sociedad, es decir, que pertenecen a una clase, y las clases a su vez están determinadas por las condiciones económicas en las cuales evoluciona la sociedad.

Entonces debemos verificar que determina las condiciones económicas y las clases que crean. Es lo que vamos a estudiar.

I. La primera gran división del trabajo

Al estudiar la evolución de la sociedad, tomando los hechos del pasado, se comprueba primero que la división de la sociedad en clases no siempre ha existido. La dialéctica quiere que busquemos el origen de las cosas y comprobemos que en un pasado muy lejano no hubo clases. En *El origen de la familia, de la propiedad privada y del Estado*, Engels dice:

> En todos los estadios anteriores de la sociedad, la producción era esencialmente colectiva y el consumo se efectuaba también bajo un régimen de reparto directo de los productos, en el seno de pequeñas o grandes colectividades comunistas. Esa producción colectiva se realizaba dentro de los más estrechos límites, pero llevaba aparejado el dominio de los productores sobre el proceso de la producción y sobre su producto. Sabían qué era del producto: lo consumían, no salía de sus manos. Y mientras la producción se efectuada sobre esa base, no pudo sobreponerse a los productores ni hacer surgir frente a ellos el espectro de poderes extraños cual sucede regular e inevitablemente en la civilización.

Todos los hombres participan en la producción; los rudimentarios instrumentos de trabajo que se usan en común pertenecen a la comunidad. La división del trabajo sino existe, en ese estado inferior, entre los *sexos.* El hombre caza, pesca, etc., la mujer cuida la casa. No hay intereses particulares o privados en juego.

Pero los hombres no permanecieron en ese período, y el primer hecho que establece un cambio en la vida de *los* hombres será la división del trabajo en la sociedad.

“Pero en este modo de producción se introdujo lentamente la división del trabajo. ”(F. Engels)

Este primer hecho se produce donde los hombres “encontraron animales que se dejaron primero domesticar y después criar. Antes había que ir de caza para apoderarse de la hembra del búfalo salvaje; ahora, domesticada, esta hembra suministraba cada año una cría y, por añadidura, leche. Ciertas tribus de las más adelantadas —los arios, los semitas y hasta los turanios—, hicieron de la domesticación y después de la cría y cuidado del ganado su principal ocupación. Las tribus de pastores se destacaron del resto de la masa de los bárbaros. Esta fue la *primera gran división social del trabajo.*

Tenemos, pues, como primer modo de producción: caza, pesca; segundo modo de producción: cría de ganado que forma las tribus de pastores.

Esta primera división del trabajo se localiza en la

II. Primera división de la sociedad en clases

"A consecuencia del desarrollo de todos los ramos de la producción —ganadería, agricultura, oficios manuales domésticos— la fuerza de trabajo del hombre iba haciéndose capaz de crear más productos que los necesarios para su sostenimiento. También aumentó la suma de trabajo que correspondía diariamente a cada miembro de la gens, de la comunidad doméstica o de la familia aislada. Era ya conveniente conseguir más fuerza de trabajo, y la guerra la suministró: los prisioneros fueron transformados en esclavos. Dadas todas las condiciones históricas de aquel entonces, la primera gran división social del trabajo, al aumentar la productividad del trabajo, y por consiguiente la riqueza, y al extender el campo de la actividad productora, tenía que traer consigo necesariamente la esclavitud. De la primera gran división social del trabajo nació la primera gran escisión de la sociedad en dos clases: señores y esclavos, explotadores y explotados". (F. Engels)

"Henos ya en los umbrales de la civilización que se inicia por un nuevo progreso de la división del trabajo. En el estadio más inferior, los hombres no producían sino directamente para satisfacer sus propias necesidades; los pocos actos de cambio que se efectuaban eran aislados y sólo tenían por objeto excedentes obtenidos por casualidad. En el estadio medio de la barbarie, encontramos ya en los pueblos pastores una propiedad en forma de ganado, que, si los rebaños son suficientemente grandes, suministra con regularidad un excedente sobre el consumo propio; al mismo tiempo encontramos una división del trabajo entre los pueblos pastores y las tribus atrasadas, sin rebaños; y de ahí dos grados de producción diferentes y simultáneos uno junto a otro y, por tanto, las condiciones para un cambio regular". (F. Engels)

Tenemos, pues, en ese momento, dos clases en la sociedad: amos y esclavos. Después, la sociedad continuará viviendo y experimentando nuevos desarrollos. Una nueva clase nacerá y crecerá.

III. Segunda gran división del trabajo

"La riqueza aumentaba con rapidez, pero bajo la forma de riqueza individual; el arte de tejer, el labrado de los metales y los otros oficios, cada vez más especializados, dieron una variedad y una perfección creciente a la producción; la agricultura empezó a suministrar, además de grano, legumbres y frutas, aceite y vino, cuya preparación se había aprendido. Un trabajo tan variado no podía ser ya cumplido por un solo individuo y se produjo la *segunda gran división del trabajo:* los oficios se separaron de la agricultura. El constante crecimiento de la producción, y con ella de la productividad del trabajo, aumentó el valor de la fuerza de trabajo del hombre; la esclavitud, aun en estado naciente y esporádico en el anterior estadio, se convirtió en un elemento esencial del sistema social. Los esclavos dejaron de ser simples auxiliares y se los llevaba por decenas a trabajar en los campos o en los talleres. Al escindirse la producción en las dos ramas principales —la agricultura y los oficios manuales—, nació la producción directa para el cambio, la producción mercantil, y con ella el comercio.

IV. Segunda división de la sociedad en clases

De este modo, la primera gran división del trabajo aumenta el valor el trabajo humano, crea un crecimiento de riqueza que aumenta de nuevo el valor del trabajo y que obliga a una segunda división del trabajo: oficios y agricultura. En este momento, el crecimiento continuo de la producción y, paralelamente, del valor de la fuerza del trabajo humano hace "indispensables" a los esclavos, crea la producción mercantil y, con ella, una tercera clase: la de los comerciantes.

En este momento tenemos en la sociedad una triple división del trabajo, y tres clases: agricultores, artesanos y comerciantes. Por primera vez, vemos aparecer una clase que *no participa en la producción* y esta clase, la clase de los comerciantes, dominará a las otras dos.

> "El Estadio superior de la barbarie introduce una división más grande aún del trabajo: entre la agricultura y los oficios manuales; y de ahí la producción cada vez mayor de objetos fabricados directamente para el cambio y la elevación del cambio entre producto-

res individuales a la categoría de necesidad vital de la sociedad. La civilización consolida y aumenta todas estas divisiones del trabajo ya existentes, sobre todo acentuando el contraste entre la ciudad y el campo (lo cual permite a la ciudad dominar económicamente al campo, como en la antigüedad, o al campo dominar económicamente a la ciudad, como en la Edad Media), y añade una tercera división del trabajo, propia de ella y de capital importancia, creando una clase que no se ocupa de la producción, sino únicamente del cambio de los productos: los mercaderes. Hasta aquí sólo la producción había determinado los procesos de formación de clases nuevas; las personas que tomaban parte en ella se dividían en directores y ejecutores o en productores en grande y en pequeña escala. Ahora aparece por primera vez una clase que, sin tornar la menor parte en la producción, sabe conquistar su dirección general y avasallar económicamente a los productores; una clase que se convierte en el intermediario indispensable entre cada dos productores y los explota a ambos. Su pretexto de desembarazar a los productores de las fatigas y los riesgos del cambio, de extender la salida de sus productos hasta los mercados lejanos y llegar a ser así la clase más útil de la población, se forma una clase de parásitos, una clase de verdaderos gorrones de la sociedad, que como compensación por servicios en realidad muy mezquinos, se lleva la nata de la producción patria y extranjera, amasa rápidamente riquezas enormes y adquiere una influencia social proporcionada a éstas y, por eso mismo, durante el período de la civilización, va ocupando una posición más y más honorífica y logra un dominio cada vez mayor sobre la producción, hasta que acaba por dar a luz un producto propio: las crisis comerciales periódicas". (F. Engels)

Así, vemos el encadenamiento que partiendo del comunismo primitivo, nos lleva al capitalismo:

1. Comunismo primitivo.

2. División entre tribus salvajes y pastores (primera división del trabajo: amos, esclavos).

3. División entre agricultores y artesanos de oficios (segunda división del trabajo).

4. Nacimiento de la clase de comerciantes (tercera división del trabajo) que:

5. Engendra las crisis comerciales periódicas (capitalismo). Sabemos ahora de dónde proceden las clases y nos queda por ver

V. Qué determina las condiciones económicas

Primero debemos pasar revista muy brevemente a las sociedades que nos han precedido.

Se carece de documentos para el estudio en detalle de la historia de las sociedades que han precedido a las sociedades antiguas; pero sabemos, por ejemplo, que entre los griegos existían amos y esclavos y que comenzaba a desarrollarse la clase de los comerciantes. Después, en la Edad Media, la sociedad feudal con señores y siervos permite a los comerciantes tomar cada vez mayor importancia. Se agrupan cerca de los castillos, en el seno de *los burgos* (de donde el nombre de burgueses); por otra parte, en la Edad Media, antes de la producción capitalista, no existía más que la pequeña producción, que tenía como condición primera que el productor fuera propietario de sus instrumentos de trabajo. Los medios de producción pertenecían al individuo y no estaban adaptados más que al uso individual. Por consiguiente, eran mezquinos, pequeños, limitados. Concentrar y ampliar estos medios de producción, transformarlos en poderosas palancas de la producción moderna, era el papel histórico de la producción capitalista y de la burguesía...

> Este proceso, que viene desarrollando la burguesía desde el siglo XV y que pasa históricamente por las tres etapas de la cooperación simple, la manufactura y la gran industria, aparece minuciosamente expuesto por Marx en la sección cuarta de *"El Capital"*. Pero la burguesía, como asimismo queda demostrado en dicha obra, no podía convertir aquellos primitivos medios de producción en poderosas fuerzas-productivas sin convertirlas de medios individuales de producción en medios *sociales, sólo* manejables por una *colectividad de hombres.*

Vemos que paralelamente a la evolución de las clases (amos y esclavos; señores y siervos) evolucionan las condiciones de producción, de circulación, de distribución de las riquezas, es decir, las condiciones económicas, y seguimos esta evolución paso a paso y paralelamente a la evolución de los *modos de producción.* Son, por lo tanto

VI. Los modos de producción

Los que determinan las condiciones económicas:

> La rueca, el telar manual, el martillo del herrero fueron sustituidos por la máquina de hilar, por el te-

lar mecánico, por el martillo movido a vapor; el taller individual cedió el puesto a la fábrica, que impone la cooperación de cientos y miles de obreros. Y, con los medios de producción, se transformó la producción misma, dejando de ser una cadena de actos individuales para convertirse en una cadena de actos socialcs, y los productos se transformaron de productos individuales en productos sociales. El hilo, las telas, los artículos de metal que ahora salían de la fábrica eran producto del trabajo colectivo de un gran número de obreros, por cuyas manos tenía que pasar sucesivamente para su elaboración. (F. Engels)

Comprobamos que la evolución de los *modos* de producción ha transformado totalmente las *fuerzas* productivas. Las herramientas de trabajo se han hecho colectivas, pero el *régimen de propiedad ha continuado siendo individual.* Las máquinas que no pueden funcionar más que por obra de una colectividad han seguido siendo propiedad de un hombre solo, y hasta vemos que "Todo el mecanismo del modo capitalista de producción falla, agobiado por las fuerzas productivas que él mismo engendró. Ya no acierta a transformar en capital esta masa de medios de producción, que permanecen inactivos, y por esto precisamente debe permanecer también inactivo el ejército industrial de reserva. Medios de producción, medios de vida, obreros disponibles: todos los elementos de la producción y de la riqueza general existen con exceso. Pero "la *superabundancia se convierte en fuente de miseria y de penuria* (Fourier), ya que es ella, precisamente, la que impide la transformación de los medios de producción y de vida en capital, pues en la sociedad capitalista, los medios de producción no pueden ponerse en movimiento más que convirtiéndose previamente en capital, en medio de explotación de la fuerza humana de trabajo. Esta imprescindible calidad de capital de los medios de producción y de vida se alza como un espectro entre ellos y la clase obrera. Esta calidad es la que impide que se engranen la palanca material y la palanca personal de la producción; es la que no permite a los medios de producción funcionar ni a los obreros trabajar y vivir. De una parte, el modo capitalista de producción revela, pues, su propia incapacidad para seguir rigiendo sus fuerzas productivas. De otra parte, estas fuerzas productivas acucian con intensidad cada vez mayor a que se resuelva la tradición, a que se las redima de su condición de capital *a que se reconozca de hecho su carácter de fuerzas productivas sociales.*

Es esta rebelión de las fuerzas de producción, cada vez más imponentes, contra su calidad de capital, esta necesidad cada vez más imperiosa de que se reconozca su carácter social, la que obliga a la propia clase capitalista a tratarlas cada vez más abiertamente como fuerzas productivas sociales, en el grado en que ello es posible dentro de las relaciones capitalistas. Lo mismo los períodos de alta presión industrial, con su desmedida expansión del crédito, que el crac mismo, con el desmoronamiento de grandes empresas capitalistas, impulsan esa forma de socialización de grandes masas de medios de producción con que nos encontramos en las diversas categorías de sociedades anónimas. Algunos de estos medios de producción y de comunicación son ya de por si tan gigantescos, que excluyen, como ocurre con los ferrocarriles, toda otra forma de explotación capitalista. Al llegar a una determinada fase de desarrollo, ya no basta tampoco esta forma; los grandes productores nacionales de una rama industrial se unen para formar un trust, una agrupación encaminada a regular la producción; determinan la cantidad total que ha de producirse, se la reparten entre ellos e imponen de este modo un precio de venta fijado de antemano. Pero, como estos trusts se desmoronan al sobrevenir la primera racha mala en los negocios, empujan con ello a una socialización todavía más concentrada; toda la rama industrial se convierte en una sola gran sociedad anónima, y la competencia interior cede el puesto al monopolio interior de esta única sociedad.

En los trusts, la libre concurrencia se trueca en monopolio y la producción sin plan de la sociedad capitalista capitula ante la producción planeada y organizada de la naciente sociedad socialista. Claro está que, por el momento, en provecho y beneficio de los capitalistas. Pero aquí la explotación se hace tan patente, que tiene forzosamente que derrumbarse. Ningún pueblo toleraría una producción dirigida por los trusts, una explotación tan descarada de la colectividad por una pequeña cuadrilla de cortadores de cupones.

De un modo o de otro, con o sin trust, el representante oficial de la sociedad capitalista, el Estado, tiene que acabar haciéndose cargo del mando de la producción. La necesidad a que responde esta transformación de ciertas empresas en propiedad del Estado empieza manifestándose en las grandes empresas de transportes y comunicaciones, tales como el correo, el telégrafo y los ferrocarriles.

A la par que las crisis revelan la incapacidad de la burguesía para seguir rigiendo las fuerzas productivas modernas, la transformación de las grandes empresas de producción y transporte en sociedades anónimas, trust y en propiedad del Estado demuestra que la burguesía no es ya indispensable para el desempeño de esas funciones. Hoy las funciones sociales del capitalista corren todas a cargo de empleados a sueldo, y toda la actividad social de aquél se reduce a cobrar sus rentas, cortar sus cupones y jugar en la Bolsa, donde los capitalistas de toda clase se arrebatan unos a otros sus capitales.

Así aparecen las contradicciones del régimen capitalista:

> De una parte, perfeccionamiento de la maquinaria, que la competencia convierte en precepto imperativo para cada fabricante y que equivale a un desplazamiento cada vez mayor de obreros: *ejército industrial de reservas.* De otra parte, extensión ilimitada de la producción, que la competencia impone también como norma coactiva a todos los fabricantes. Por ambos lados un desarrollo inaudito de las fuerzas productivas exceso de la oferta sobre la demanda, superproducción, abarrotamiento de los mercados, crisis cada diez años, círculo vicioso: *superabundancia aquí de medios de producción y de productos, y allá de obreros* sin trabajo y sin medios de vida. (F. Engels)

Hay contradicción entre el trabajo que se ha hecho social, colectivo, y la propiedad, que ha permanecido individual. Y entonces, con Marx, diremos:

> De formas de desarrollo de las fuerzas productivas, estas relaciones se convierten en trabas suyas. Y se abre así una época de revolución social. (K. Marx)

VII. Observaciones

Antes de terminar este capítulo es necesario hacer algunas observaciones y subrayar que en este estudio hallamos todos los caracteres y las leyes de la dialéctica que acabamos de estudiar.

En efecto, acabamos de recorrer muy rápidamente la historia de las sociedades, de las clases, y de los modos de producción. Vemos que independientes son unas de otras cada parte de este estudio. Comprobamos que esta historia es esencialmente movida y que los cambios que se producen en ella en cada estadio de los sociedades, son provocados por una lucha interna, lucha entre elementos de observación y de progreso, lucha que llega a la destrucción de cada sociedad y al nacimiento de una nueva. Cada una de ellas tiene un carácter, una estructura bien diferente de la precedente. Estas transformaciones radicales se operan después de una acumulación de hechos que por mismos parecen insignificantes; pero que, en cierto momento, crean por su acumulación una situación de hecho que provoca un cambio violento, revolucionario.

Volvemos a encontrar ahí, los caracteres y las grandes leyes generales de la dialéctica, es decir:

La interdependencia de las cosas y de los hechos.

El movimiento y el cambio dialécticos.

El autodinamismo.

La contradicción.

La acción recíproca.

Y la evolución por saltos (transformación de la cantidad en calidad).

Sexta parte

El materialismo dialéctico y las ideologías

Capítulo único:

Aplicación del método dialéctico a las ideologías

I. ¿Cuál es la importancia de las ideologías para el marxismo?

Frecuentemente se oye decir que el marxismo es una filosofía materialista que niega el papel de las ideas en la historia, que niega el papel del factor ideológico y que sólo quiere considerar las influencias económicas.

Esto es falso. El marxismo no niega el importante papel que el espíritu, el arte, las ideas, tienen en la vida. Por el contrario, atribuye una importancia particular a estas formas ideológicas, y terminaremos este estudio de los principios elementales del marxismo examinando cómo se aplica a las ideologías el método del materialismo dialéctico; vamos a ver cuál es el *papel* de las ideologías en la historia, la acción del *factor* ideológico y qué es la *forma* ideológica.

Esta parte del marxismo que vamos a estudiar es el punto peor conocido de esta filosofía. La razón es que, durante mucho tiempo, se ha tratado y difundido, sobre todo, la parte del marxismo que estudia la economía política. Procediendo así, se separaba arbitrariamente esta materia no sólo del gran "todo" que forma el marxismo, sino se la separaba de sus bases; porque lo que ha permitido hacer de la economía política una verdadera ciencia es el *materialismo histórico,* que es como lo hemos visto, una aplicación del materialismo dialéctico.

Se puede señalar de pasada que esta manera de proceder proviene, sin duda, del espíritu metafísico que conocemos y del que tanto nos cuesta deshacernos. Cometemos errores —repitámoslo— en la medida en que separamos las cosas, en que las estudiamos de una manera unilateral.

Las malas interpretaciones del marxismo provienen de que no se ha insistido suficientemente sobre el papel de las ideologías en la historia y en la vida. Se las ha separado del marxismo y, al hacerlo, se ha separado el marxismo del materialismo dialéctico, es decir, ¡de sí mismo!

Nos alegra ver que desde hace unos años, gracias en parte al trabajo de la Universidad Obrera de París, a la cual muchos miles de alumnos deben su conocimiento del marxismo; gracias también a la obra de algunos intelectuales que han contribuido a ello con sus trabajos y sus libros, el marxismo ha reconquistado su verdadera figura y el lugar al que tiene derecho.

II. ¿Qué es una ideología? (factor, formas ideológicas)

Vamos a abordar este capítulo consagrado al papel de las ideologías comenzando por algunas definiciones.

¿A qué llamamos una ideología? Quien dice ideología dice, ante todo, idea. La ideología es un conjunto de ideas que forman un todo, una teoría, un sistema o hasta a veces, simplemente, un estado de espíritu.

El marxismo es una ideología que forma un todo y

que permite encontrar respuesta para todas las cuestiones. Una ideología republicana es el conjunto de ideas que encontramos en el espíritu de un republicano.

Pero una ideología no es sólo un conjunto de ideas puras, que se supondrían separadas de todo sentimiento (esta es una concepción metafísica); una ideología comporta necesariamente sentimientos, simpatías, antipatías, esperanzas, temores, etc. En la ideología proletaria encontramos los elementos ideales de la lucha de clases, pero encontramos también sentimientos de solidaridad hacia los explotados del régimen capitalista, los "oprimidos". Todo esto es lo que forma una ideología.

Veamos ahora lo que se llama el factor ideológico: es la ideología considerada como una causa o una fuerza que actúa, que es capaz de acción y, por eso, se habla de acción *del factor ideológico.* Las religiones, por ejemplo son un factor ideológico que debemos tener en cuenta. Tienen una fuerza moral que actúa de manera importante.

¿Qué se entiende por la *forma ideológica?* Se designa un conjunto de ideas particulares que forman una ideología en un dominio especializado. La religión, la moral, son formas de la ideología, lo mismo que la ciencia, la filosofía, la literatura, el arte, la poesía.

Por lo tanto, si queremos examinar cuál es el papel en historia de la ideología en general y de todas sus formas en particular, no haremos este estudio, separando la ideología de la historia, es decir, de la vida de las sociedades sino estudiando el papel de la ideología, de sus factores y de sus formas en y a partir de la sociedad.

III. Estructura económica y estructura ideológica

Hemos visto, al estudiar el materialismo histórico, que la historia de las sociedades se explica por el encadenamiento siguiente: los hombres hacen la historia por su acción, expresión de su voluntad. Esta es determinada por las ideas. Hemos visto que lo que explica las ideas de los hombres, es decir, su ideología, es el medio social donde se manifiestan las clases, que a su vez están determinadas por el factor económico, es decir, el modo de producción.

Hemos visto también que *entre* el factor ideológico y el factor social se encuentra el factor político que se manifiesta en la lucha ideológica como expresión de la lucha social.

Si examinamos, pues, la estructura de la sociedad a la luz del materialismo histórico, vemos que en la base se encuentra la estructura económica; después, por encima de ella, la estructura social, que sostiene la estructura política, y, por último, la estructura ideológica. Vemos que, para los materialistas, la estructura ideológica es la culminación, la cima del edificio social, mientras que, para los idealistas, la estructura ideológica está en la base.

> En la producción social de su vida, los hombres contraen determinadas relaciones necesarias e independiente de su voluntad, relaciones de producción, que corresponden a una determinada fase de desarrollo de sus fuerzas productivas materiales. El conjunto de estas relaciones de producción forma la estructura económica de la sociedad, la base real sobre la que se levanta la superestructura jurídica y política y a la que corresponden determinadas formas de conciencia social. El modo de producción de la vida material condiciona el proceso de la vida social, política y espiritual en general. (Marx)

Vemos, por consiguiente, que es la estructura económica la que está en la base de la sociedad. Se dice también que es su *infraestructura* (lo que quiere decir la base).

Después, la ideología que comprende todas las formas: la moral, la religión, la ciencia, la poesía, el arte, la literatura, constituye la *supra o superestructura* (que quiere decir, estructura que está en la cima).

Sabiendo, como lo demuestra la teoría materialista, que las ideas son el reflejo de las cosas, que es nuestro ser social el que determina la conciencia, diremos, pues, que la *superestructura es el reflejo de la infraestructura.*

He aquí un ejemplo de Engels que lo demuestra:

> El dogma calvinista cuadraba a los más intrépidos burgueses de la época. Su doctrina de la predeterminación era la expresión religiosa del hecho de que en el mundo comercial, en el mundo de la competencia, el éxito o la bancarrota no depende de la actividad o de la aptitud del individuo, sino de circunstancias independientes de él. "Así que, no es del que quiere ni del que corre, sino de la misericordia" de fuerzas económicas superiores pero desconocidos. Y esto era más verdad que nunca en una época de revolución económica, en que todos los viejos centros y caminos comerciales eran desplazados por otros nuevos, en que se abría al mundo América y la India y en que vacilaban y se venían abajo hasta los artículos económicos de fe más sagrados: los valores del oro y de la platas.

En efecto, ¿qué ocurre en la vida económica para los comerciantes? La competencia. Los comerciantes, los burgueses han experimentado esta competencia en la que hay vencedores y vencidos. Muy a menudo los más vividores, los más inteligentes son vencidos por la competencia, por una crisis que sobreviene y los abate. Esta crisis es una cosa imprevisible, es una fatalidad, y esta idea de que —no sabe por qué— los menos malignos sobreviven a veces a la crisis, se ha transportado a la religión protestante. Esta comprobación, de que algunos triunfan por casualidad, proporciona la idea de la *predestinación,* según la cual los hombres deben experimentar una suerte fijada por Dios era toda la eternidad.

He aquí otro ejemplo: tomemos la mentalidad de dos obreros no afiliados a sindicatos, es decir, no desarrollados políticamente; uno trabaja en una gran fábrica donde el trabajo ésta racionalizado, otro trabaja con un pequeño artesano. Seguro que los dos tendrán una concepción diferente del patrón. Para uno, el patrón será el explotador feroz, característico del capitalismo; el otro verá al patrón como a un trabajador, acomodado, sin duda, pero trabajador y no tirano.

Es, pues, el reflejo de su vida de trabajador la que determinará su manera de comprender a los patrones.

Este ejemplo, que es importante, nos lleva, para ser precisos, a hacer algunas observaciones.

IV. Conciencia verdadera y conciencia falsa

Acabamos de decir que las ideologías son el reflejo de las condiciones materiales de la sociedad, que es el ser social el que determina la conciencia social. Se podría deducir de ello que un proletario debe tener, necesariamente, una ideología proletaria.

Pero tal suposición no corresponde a la realidad, porque hay obreros que no tienen conciencia de obreros.

Por lo tanto, hay que establecer una distinción: la gente puede vivir en condiciones determinadas, pero la conciencia que tienen de ellas puede no corresponder a la realidad. Es lo que Engels llama "conciencia verdadera y conciencia falsa".

Ejemplo: algunos obreros reciben la influencia de la doctrina del corporativismo, que es un retorno a la Edad Media, al artesanado. En ese caso, hay conciencia de la miseria de los obreros, pero no es una conciencia exacta y verdadera. La ideología sin duda, es ahí un reflejo de las condiciones de la vida social, pero no es un reflejo fiel, un reflejo exacto.

En la conciencia de la gente, el reflejo es a menudo un reflejo "a la inversa". Comprobar el hecho de la miseria es un reflejo de las condiciones sociales, pero este reflejo se falsea cuando se piensa que un retorno al artesanado será la solución del problema. Vemos aquí una conciencia en parte verdadera y en parte falsa.

El obrero que es monárquico tiene también una conciencia a la vez verdadera y falsa. Verdadera porque quiere suprimir la miseria que padece; falsa porque piensa que un rey puede hacerlo. Y simplemente porque ha razonado mal, porque ha elegido mal su ideología, este obrero puede transformarse para nosotros en un enemigo de clase, aunque sin embargo es de nuestra clase. Así, tener una conciencia falsa, es engañarse o ser engañado sobre su verdadera condición.

Por tanto, diremos, que la ideología es el reflejo de las condiciones de existencia, pero que no es un *reflejo* FATAL.

Por otra parte, necesitamos comprobar que todo se pone en juego para darnos una conciencia falsa y desarrollar la influencia de la ideología de las clases dirigentes sobre las clases explotadas. Los primeros elementos de una concepción de la vida que recibimos, nuestra educación, nuestra instrucción, nos dan una conciencia falsa. Nuestros vínculos en la vida, cierta ingenuidad en algunos, la propaganda, la prensa, la radio, falsean también, a veces, nuestra conciencia.

Por consiguiente, el trabajo ideológico tiene para nosotros, los marxistas, una extrema importancia. Hay que *destruir* la conciencia falsa para adquirir una conciencia verdadera, y sin el trabajo ideológico no puede realizarse esta transformación.

Los que consideran y dicen que el marxismo es una doctrina fatalista se equivocan, porque en realidad pensamos que las ideologías desempeñan un gran papel en la sociedad y debemos enseñar y aprender esta filosofía para desempeñar el papel de una herramienta y de un arma eficaz.

V. Acción y reacción de los factores ideológicos

Hemos visto, por los ejemplos de conciencia verdadera y de conciencia falsa, que no siempre es correcto querer explicar las ideas sólo por la economía y negar que las ideas tengan una acción. Hacerlo sería interpretar mal el marxismo.

Es verdad que las ideas se explican, en *última instancia,* por la economía, pero también tienen una acción que es propia. "Según la concepción materialista de la historia, el factor que en *última instancia* determina la historia es la producción y la reproducción de la vida real. Ni Marx ni yo hemos afirmado nunca más que esto. Si alguien lo tergiversa diciendo que el factor económico es el *único* determinante, convertirá aquella tesis en una frase vacua, abstracta, absurda. La situación económica es la base, pero los diversos factores de la superestructura que sobre ella se levanta las formas políticas de la lucha de clases y sus resultados, las Constituciones que, después de ganada una batalla, redacta la clase triunfante, etc., las formas jurídicas, e incluso los reflejos de todas estas luchas reales en el cerebro de los participantes, —las formas políticas, jurídicas, filosóficas, las ideas religiosas y el desarrollo ulterior de éstos hasta convertirse en un sistema de dogmas— ejercen también su influencia sobre el curso de las luchas históricas y determinan predominantemente en muchos casos, su forma. Es un juego mutuo de acciones y reacciones entre todos estos factores, en el que, a través de toda la muchedumbre infinita de casualidades (es decir, de casos y acaecimientos cuya trabazón interna es tan remota o tan difícil de probar, que podemos considerarla como inexistente, no hacer caso de ella), acaba siempre imponiéndose como necesidad el movimiento económico".

Vemos, pues, que necesitamos examinar todo antes de buscar la economía, y si ésta es la causa en última instancia, siempre hay que pensar que no es la única causa.

Las ideologías son los *reflejos y los efectos* de las condiciones económicas, pero la relación no es simple, porque comprobamos también *una acción recíproca de las ideologías* sobre la infraestructura. Si queremos estudiar el movimiento de masas que se ha desarrollado en Francia después del 6 de febrero de 1934, lo haremos por lo menos desde dos aspectos, para demostrar lo que acabamos de describir.

1. Algunos explican esta corriente diciendo que la causa de ello era la crisis económica. Esta es una explicación materialista pero unilateral. Tal explicación no tiene en cuenta más que un único factor: el económico, la crisis.

2. Por tanto, este razonamiento es exacto en parte, pero con la condición de que se le agregue, como factor de explicación, *lo que piensa la gente:* la ideología. Ahora bien, en esta corriente de masas, la gente es "antifascista"; he aquí el factor ideológico. Y si la gente es antifascista es gracias a la propaganda que ha dado nacimiento al Fren te Popular. Pero para que esta propaganda fuera eficaz se necesitaba un terreno favorable, y lo que se pudo hacer en 1936 no era posible en 1932. En fin, sabemos cómo este movimiento de masas ha influido, a su vez, en la economía por la lucha social que ha desencadenado.

Comprobamos en este ejemplo, que la ideología, que es el reflejo de la sociedad, se transforma a su vez en *causa* de los acontecimientos.

> El desarrollo político, jurídico, filosófico, religioso, literario, artístico, etc., descansa en el desarrollo económico. Pero todos ellos repercuten también los unos sobre los otros y sobre su base económica. No es que la situación económica sea la causa, lo único activo, y todo lo demás efectos puramente pasivos. Hay un juego de acciones y reacciones sobre la base de la necesidad económica, que se impone siempre, en *última instancia*. (F. Engels)

Así, por ejemplo.

> La base del derecho de herencia, presuponiendo el mismo grado de evolución de la familia, es una base económica. A pesar de eso, será difícil demostrar que en Inglaterra, por ejemplo, la libertad absoluta de testar y en Francia sus grandes restricciones, responde en

todos sus detalles a causas puramente económicas. Y ambos sistemas repercuten de modo muy considerable sobre la economía., puesto que influyen en el reparto de los bienes. (F. Engels)

Para tomar un ejemplo más actual, volvamos al de los impuestos. Los ricos quieren librarse de los gravámenes y partidarios de los impuestos indirectos; los trabajadores y las clases medias quieren, por el contrario, que los impuestos fiscales sean directos y progresivos. De este modo, la idea que tenemos de los impuestos, y que es un factor ideológico, tiene su origen en nuestra situación económica creada, impuesta por el capitalismo. Los ricos quieren conservar sus privilegios y luchan para conservar el modo actual del sistema de impuestos y para reforzar las leyes en este sentido. Ahora bien, estas leyes, que proceden de las ideas, reaccionan sobre la economía porque matan el pequeño comercio y los artesanos y precipitan la concentración capitalista.

Vemos, por consiguiente, que las condiciones económicas engendran las ideas, pero las ideas engendran también las condiciones económicas, y bajo esta *reciprocidad, de relaciones* debemos examinar las ideologías, todas las ideologías; y sólo en última instancia, en la base, vemos: que las necesidades económicas siempre prevalecen.

Sabemos que son los escritores y los pensadores los que tienen la misión de propagar, si no de defender, las ideologías. Sus pensamientos y sus escritos, no siempre son muy caracterizados, y a menudo, en escritos que parecen, ser simples cuentos o relatos, encontramos, al analizarlos, una ideología. Hacer este análisis es una operación muy delicada y debemos hacerla con mucha prudencia. Vamos a indicar un método de análisis dialéctico que será de gran ayuda, pero hay que prestar atención para no ser mecanicista y no querer explicar lo que no es explicable.

VI. Método de análisis dialéctico

Para explicar bien el método dialéctico hay que conocer muchas cosas y, si se ignora su tema, debemos estudiar minuciosamente, sin lo cual sólo se llega a hacer caricaturas de juicio. Para proceder al análisis dialéctico de un libro o de un cuento literario, vamos a indicar un método que se podrá aplicar a otros temas.

a) Primero hay que prestar atención al contenido del libro o del cuento que se analizará. Examinarlo independientemente de toda cuestión social, porque no todo procede de la lucha de clases y de las condiciones económicas.

Hay influencias literarias y debemos tenerlas en cuenta. Tratar de ver a qué "escuela literaria" pertenece la obra. Considerar el desarrollo interno de las ideologías. Prácticamente sería bueno hacer un resumen del tema que se analizará y anotar lo que ha llamado la atención.

b) Ver en seguida los tipos sociales que son los héroes de la intriga. *Buscar la clase* a la cual pertenecen, examinar la acción de los personajes y ver si se puede relacionar de algún modo lo que ocurre en la novela desde el punto de vista social.

Si no es posible, si razonablemente no se puede hacerlo, es mejor abandonar el análisis antes que inventar. No se debe inventar una explicación.

c) Cuando se ha descubierto cuál o cuáles son las clases en juego, hay que buscar lo económico, es decir, cuáles son los medios de producción y la manera de producir en el momento que ocurre la acción de la novela.

Si, por ejemplo, la acción se desarrolla en nuestros días,

la economía es el capitalismo. Se ven actualmente numerosos cuentos y novelas que critican, combaten el capitalismo. Pero hay dos maneras de combatir el capitalismo: 1. Como revolucionario que marcha adelante. 2. Como reaccionario que quiere volver al pasado, y a menudo esta forma es la que se encuentra en las novelas modernas: se lamenta en ellas la desaparición de otros tiempos.

d) Una vez obtenido esto, podemos buscar la ideología, es decir, ver cuáles son las idea", los sentimientos, cuál es la manera de pensar del autor. Buscando la ideología, pensaremos en el papel que desempeña, en su influencia sobre el espíritu de la gente que lee el libro.

e) Entonces, podremos dar la *conclusión* de nuestro análisis y decir *por qué* tal cuento o novela se ha escrito en *tal momento.*

Este método de análisis sólo puede ser bueno si se recuerda al aplicarlo todo lo que se ha dicho con anterioridad. Hay que pensar que la dialéctica, si nos proporciona la nueva manera de concebir las cosas, exige también conocerlas bien para hablar de ellas y para analizarlas.

Por consiguiente, nos es necesario, ahora que hemos visto en qué consiste nuestro método, tratar en nuestros estudios, en nuestra vida militante y personal, de ver las cosas en su movimiento, en su cambio y no en el estado estático, inmóvil; verlas y estudiarlas también desde todos sus aspectos y no de una manera unilateral. En una palabra, tratar de aplicar en todas partes y siempre el espíritu dialéctico.

VII. Necesidad de la lucha ideológica

Ahora sabemos qué es el materialismo dialéctico, forma moderna del materialismo, fundado por Marx y Engels y desarrollado por Lenin. Para esta obra hemos consultado, sobre todo, los textos de Marx y Engels, pero no podemos terminar este curso sin señalar particularmente que la obra filosófica de Lenin es considerable. Por eso se habla hoy del marxismo-leninismo.

Marxismo-leninismo y materialismo dialéctico están indisolublemente unidos y sólo el conocimiento del materialismo dialéctico permite medir toda la extensión, todo el alcance, toda la riqueza del marxismo-leninismo. Esto nos lleva a decir que el *militante no está verdaderamente armado en el sentido ideológico si no conoce el conjunto de esta doctrina.*

La burguesía, que lo ha comprendido bien, se esfuerza por introducir por todos los medios su propia ideología en la conciencia de los trabajadores. Sabiendo perfectamente que, entre todos los aspectos del marxismo-leninismo, el materialismo dialéctico es el peor conocido, la burguesía ha organizado contra él una conspiración de silencio. Es penoso pensar que la enseñanza oficial rechace e ignore tal método y que se continúe enseñando en las escuelas y universidades del mismo modo que hace cien años.

Si antiguamente el método metafísico dominó sobre el método dialéctico fue, como hemos visto, a causa de la ignorancia de los hombres. Hoy la ciencia nos aporta los medios para demostrar que el método dialéctico es el que conviene aplicar en las investigaciones científicas, y es escandaloso que se continúe enseñando a nuestros niños a pensar, a estudiar, con el método surgido de la ignorancia.

Si los sabios en sus investigaciones científicas ya no pueden estudiar en su especialidad sin tener en cuenta la interpenetración de las ciencias, aplicando en eso e inconscientemente una parte de la dialéctica, aportan demasiado a menudo la formación de espíritu que recibieron y que es la de un espíritu metafísico. ¡Cuántos progresos habrían realizado o permitido realizar los grandes sabios que ya han dado grandes cosas a la humanidad —pensamos en Pasteur, Branly, que eran idealistas, creyentes— si hubieran tenido una formación de espíritu dialéctico!

Pero hay una forma de lucha contra el marxismo-leninismo todavía más peligrosa que esta campaña de silencio: son las falsificaciones que la burguesía trata de organizar en el interior mismo del movimiento obrero. Vemos prosperar en este momento a numerosos "teóricos" que se presentan como "marxistas" y que pretenden "renovar", "rejuvenecer" el marxismo. *Las campañas de esta clase eligen muy a menudo como punto de apoyo los aspectos del marxismo menos conocidos y muy particularmente, la filosofía materialista.*

Así, hay gente que declara aceptar el marxismo como concepción de la acción revolucionaria, pero no como concepción general del mundo. Declaran que se puede ser perfectamente marxista sin aceptar la filosofía materialista. Conforme a esta actitud general, se desarrollan diversas tentativas de contrabando. Gente que se dice marxista quiere introducir en el marxismo concepciones que son incompatibles con la base misma del marxismo es decir, con la filosofía materialista.

En el pasado se han conocido tentativas de esta clase. Contra ellas Lenin escribió su libro *Materialismo y Empiriocristianismo.* Se asiste en el momento actual, en el período de difusión del marxismo, al renacimiento y a la multiplicación de estas tentativas. Pero ¿cómo reconocer, cómo desenmascarar las que precisamente impugnan el marxismo en su aspecto filosófico, si se ignora la filosofía verdadera del marxismo?

VII. Conclusión

Felizmente, desde hace unos años se observa, en la clase obrera en particular, un formidable impulso hacia estudio del conjunto del marxismo y un interés creciente precisamente por el estudio de la filosofía materialista.

Este es un signo que indica, en la situación actual, que la clase obrera ha sentido particularmente la exactitud de las razones que hemos dado al principio en favor del estudio de la filosofía materialista. Los trabajadores han aprendido, por propia experiencia, la necesidad de vincular práctica con la teoría y, al mismo tiempo, la necesidad de impulsar el estudio teórico en la medida de lo posible. El papel de cada militante debe consistir en reforzar esta corriente y darle una dirección y un contenido exactos. Nos es grato ver que gracias a la Universidad Obrera de París, muchos miles de hombres han aprendido qué es el materialismo dialéctico, y si esto ilustra de una manera sorprendente nuestra lucha contra la burguesía, mostrando *de qué lado* está la ciencia, también nos indica nuestro deber. *Hay que estudiar*. Hay que conocer y hacer conocer el marxismo en todos los medios. Paralelamente a la lucha en la calle y en el lugar de trabajo, los militantes deben conducir la lucha ideológica. Su deber es defender nuestra ideología contra todas las formas de ataque y, al mismo tiempo, guiar la *contraofensiva* para la destrucción de la ideología burguesa en la conciencia, de los trabajadores. Pero para dominar todos los aspectos de esta lucha hay que estar armado. El militante sólo lo será verdaderamente por el conocimiento del materialismo dialéctico.

En espera de la sociedad sin clases, donde nada trabará el desarrollo de las ciencias, tal es una parte esencial de nuestro deber.

Índice

Estudio preliminar

Principios elementales de la filosofía

•FONTANA•

1. **LA DIVINA COMEDIA,** Dante
2. **EL ARTE DE LA GUERRA,** Sun Tzu
3. **LA ILÍADA,** Homero
4. **LA ODISEA,** Homero
5. **LA ENEIDA,** Virgilio
6. **EL RETRATO DE DORIAN GRAY,** Oscar Wilde
7. **LA METAMORFOSIS,** Franz Kafka
8. **FRANKENSTEIN,** Mary Shelley
9. **NECRONOMICÓN, LOS MEJORES RELATOS,** H. P. Lovecraft
10. **ALICIA EN EL PAÍS DE LAS MARAVILLAS,** L. Carroll
11. **A TRAVÉS DEL ESPEJO,** Lewis Carroll
12. **LA VUELTA AL MUNDO EN OCHENTA DÍAS,** J. Verne
13. **DRÁCULA,** Bram Stoker
14. **CUENTOS DE LA SELVA,** Horacio Quiroga
15. **EL FANTASMA DE LA ÓPERA,** Gaston Leroux
16. **LA BELLA Y LA BESTIA,** Velleneuve y Beaumont
17. **DE LA TIERRA A LA LUNA,** Julio Verne
18. **EL PROCESO,** Frank Kafka
19. **CUENTOS DE AMOR DE LOCURA Y DE MUERTE,** H. Quiroga
20. **ROMEO Y JULIETA,** William Shakespeare
21. **ASÍ HABLABA ZARATUSTRA,** Friedrich Nietzsche
22. **MANIFIESTO COMUNISTA,** K. Marx y F. Engels
23. **EL PRÍNCIPE,** Nicolás Maquiavelo
24. **EL KYBALIÓN,** Tres Iniciados
25. **MÁS ALLÁ DEL BIEN Y DEL MAL,** Friedrich Nietzsche
26. **EL ANTICRISTO,** Friedrich Nietzsche
27. **APOLOGÍA DE SÓCRATES,** Platón
28. **DIÁLOGOS,** Platón
29. **METAFÍSICA,** Aristóteles
30. **RETÓRICA,** Aristóteles
31. **ÉTICA A NICÓMACO,** Aristóteles
32. **ELOGIO DE LA LOCURA,** Erasmo de Rotterdam
33. **AURORA,** Friedrich Nietzsche
34. **AZUL...,** Rubén Darío
35. **SELECCIÓN POÉTICA,** Federico García Lorca
36. **SENTIDO Y SENSIBILIDAD,** Jane Austen
37. **EL FANTASMA DE CANTERVILLE Y OTROS RELATOS,** O. Wilde
38. **EL PRÍNCIPE FELIZ Y OTROS CUENTOS,** Oscar Wilde
39. **CORAZÓN: DIARIO DE UN NIÑO,** Edmondo de Amicis
40. **ALREDEDOR DE LA LUNA,** Julio Verne

41. **LA MURALLA CHINA,** Franz Kafka
42. **AMÉRICA,** Franz Kafka
43. **EL PERRO DE LOS BASKERVILLE,** Arthur Conan Doyle
44. **EL DOCTOR JEKYLL Y MISTER HYDE,** Robert Louis Stevenson
45. **YERMA · DOÑA ROSITA LA SOLTERA,** Federico García Lorca
46. **SELECCIÓN DE CUENTOS,** Hermanos Grimm
47. **SELECCIÓN DE CUENTOS,** Christian Andersen
48. **EL MARAVILLOSO MAGO DE OZ,** Lyman Frank Baum
49. **EL CREPÚSCULO DE LOS ÍDOLOS,** Friedrich Nietzsche
50. **LA REPÚBLICA,** Platón
51. **EL CUERVO Y OTROS POEMAS,** Edgar Allan Poe
52. **LA MÁSCARA DE LA MUERTE ROJA Y OTROS RELATOS,** E. A. Poe
53. **EL CONTRATO SOCIAL,** Rousseau
54. **TRES ENSAYOS SOBRE LA TEORÍA SEXUAL,** Sigmund Freud
55. **PRINCIPIOS ELEMENTALES DE LA FILOSOFÍA,** Georges Politzer
56. **POPOL VUH & CHILAM BALAM**
57. **CANCIÓN DE NAVIDAD,** Charles Dickens
58. **EL INVITADO DE DRÁCULA Y OTRAS HISTORIAS DE TERROR,** Bram Stoker
59. **SALOMÉ & UNA MUJER SIN IMPORTANCIA,** Oscar Wilde
60. **INVESTIGACIÓN SOBRE LA NATURALEZA Y CAUSAS DE LA RIQUEZA DE LAS NACIONES,** Adam Smith
61. **EL ESCARABAJO DE ORO Y OTROS RELATOS,** Edgar Allan Poe
62. **HOJAS DE HIERBA,** Walt Whitman
63. **TAO TE KING,** Lao Tse
64. **MARTÍN FIERRO,** José Hernández
65. **MARÍA,** Jorge Isaacs
66. **EL ARTE DE AMAR · EL REMEDIO DEL AMOR,** Ovidio
67. **EL PROFETA · EL JARDÍN DEL PROFETA,** Khalil Gibrán
68. **DESOBEDIENCIA CIVIL Y OTROS TEXTOS,** Henry David Thoreau
69. **EL VALLE DEL TERROR,** Arthur Conan Doyle
70. **LA TEOGONÍA,** Hesíodo
71. **LA CASA DE BERNARDA ALBA · LA ZAPATERA PRODIGIOSA,** Federico García Lorca
72. **LAS FLORES DEL MAL,** Charles Baudelaire
73. **EL TERROR EN LA LITERATURA,** H. P. Lovecraft
74. **EL MUNDO COMO YO LO VEO,** Albert Einstein
75. **LOS MITOS DE CTHULHU,** H. P. Lovecraft
76. **UTOPÍA,** Tomás Moro
77. **EL GATO NEGRO Y OTROS RELATOS,** Edgar Allan Poe
78. **EN LAS MONTAÑAS DE LA LOCURA,** H. P. Lovecraft
79. **CUMBRES BORRASCOSAS,** Emily Brontë